LES POSEURS

COMÉDIE

Représentée pour la première fois à Paris, sur le théâtre des Variétés, le 17 Mars 1862.

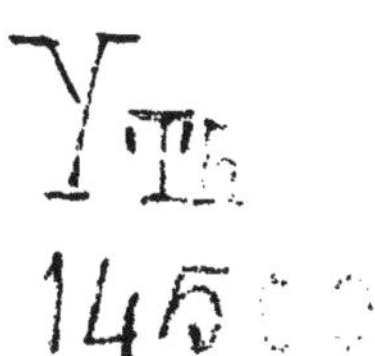

Paris. — Imp. PILLET FILS AINÉ, rue des Grands-Augustins, 5.

LES

POSEURS

COMÉDIE EN TROIS ACTES

PAR

LAMBERT THIBOUST ET JULES DUVAL

PARIS

MICHEL LÉVY FRÈRES, LIBRAIRES-ÉDITEURS
RUE VIVIENNE, 2 BIS ET BOULEVARD DES ITALIENS, 15
A LA LIBRAIRIE NOUVELLE

1862

PERSONNAGES :

JACQUES BOURDET, négociant retiré...........	MM.	ARNAL.
ROLAND, sculpteur............................		CHRISTIAN.
ANDRÉ GARNIER, peintre, neveu de Bourdet, ami de Roland............................		DESRIEUX.
MARIUS TAUPIER, sculpteur bohème...........		GRENIER.
OSCAR DE LA FAYOLLE, homme du monde....		AURÈLE.
PROSPER GAUTROT, id..........		E. THIERRY.
PAILLERET, id..........		J. BAZIN.
VALENTIN, domestique de Jacques Bourdet......		C. BLONDELET.
BAPTISTE, domestique d'Oscar..................		DELIÈRE.
M. CABOULOT, concierge.......................		VIDEIX.
MADELEINE..	Mlles	A. MONGEAL.
CÉCILE, fille de Bourdet........................		FERRARIS.
MADAME DE SURGIS..............................		ÉLÉONORE.
ZOÉ, modèle d'atelier...........................		KELLER.
Invités des deux sexes.		

Les indications sont prises de la gauche et de la droite du spectateur. — Les personnages sont inscrits en tête des scènes dans l'ordre qu'ils occupent au théâtre. — Les changements de position sont indiqués par des renvois au bas des pages.

A ARNAL

Les auteurs :

LAMBERT THIBOUST ET JULES DUVAL

LES POSEURS

ACTE PREMIER

L'atelier d'André et de Roland. Des plâtres, des études, des tableaux.— Porte au ond, grande fenêtre à droite. — Au milieu du théâtre, une estrade pour les modèles; à gauche, le chevalet et la boîte à couleurs d'André. — Devant le chevalet un fauteuil en tapisserie. — Au fond un petit divan. — A droite, premier plan, un guéridon avec papier, plumes et encre. Un petit livre dessus. — Au troisième plan, une table adossée au mur : sur cette table un cor de chasse, une bouteille de madère, des verres. Du même côté, l'ébauche d'une statue à laquelle travaille Roland. — Siéges de formes et d'époques différentes.

Au lever du rideau, Mlle Zoé, placée sur l'estrade, agenouillée et les mains jointes, les cheveux défaits sur ses épaules et en train de poser. — André, devant son chevalet, est en train de peindre.

SCÈNE PREMIÈRE

ANDRÉ, MADEMOISELLE ZOÉ.

ANDRÉ.

Lœi plus au ciel...

MADEMOISELLE ZOÉ.

Comme ça?

ANDRÉ.

Encore un peu... et un air bien virginal... un sourire d'ange... comme quand tu fais un gros mensonge à ton amoureux.

MADEMOISELLE ZOÉ.

D'abord je ne mens jamais..... ensuite je n'ai pas d'amoureux.

ANDRÉ.

Bah! et Corantin?

MADEMOISELLE ZOÉ, avec un soupir.

C'est mort la semaine dernière.

ANDRÉ.

Bah ! et pourquoi ?

MADEMOISELLE ZOÉ.

Il m'a battue !...

ANDRÉ.

Tiens !... il t'aimait donc ?

MADEMOISELLE ZOÉ.

Oh !... Est-ce que c'est une preuve d'amour ?

ANDRÉ.

Immense ; ça et les cachemires... on a le choix... Les cachemires sont si chers !...

MADEMOISELLE ZOÉ, s'exaltant.

Pouvez-vous parler ainsi ? oh ! vous étiez bien plus gentil avant votre départ pour Rome. L'Italie vous a gâté !

ANDRÉ.

Et les Italiennes, donc !

MADEMOISELLE ZOÉ.

Tenez, vous n'avez pas de cœur.

ANDRÉ, riant.

C'est si mal porté... Tout le monde en a. Quand une chose est tombée dans le commerce... c'est fini...

MADEMOISELLE ZOÉ.

Oh ! ces hommes !

(On entend jouer du piano à l'étage au-dessus.)

ANDRÉ, à part, vivement.

Elle est rentrée !...

MADEMOISELLE ZOÉ.

Tiens !... vous avez des pianistes dans la maison ?

ANDRÉ, froidement.

Oui.

MADEMOISELLE ZOÉ.

Oh ! est-il gentil cet air-là... (Chantant.) Tra la la la.

ANDRÉ.

Hé ! là-bas, le sourire angélique tout de suite !...

(Mademoiselle Zoé reprend sa pose.

LA VOIX DE ROLAND, en dehors.

C'est une infamie !

LA VOIX DE CABOULOT.

Mais, monsieur...

LA VOIX DE ROLAND.

C'est un abus de confiance!...

(La porte du fond s'ouvre vivement. — Roland paraît furieux, suivi de Caboulot.)

SCÈNE II

LES MÊMES, ROLAND, CABOULOT.

ROLAND *. (Il a une lettre ouverte à la main.)

On n'a pas idée de ça, ma parole d'honneur, on n'a pas idée de ça!

CABOULOT.

Mais, monsieur, j'ai l'honneur de vous dire...

ROLAND.

Vous avez l'honneur de me dire des choses ineptes. — Taisez-vous!

CABOULOT.

Mais puisque mon épouse...

ROLAND.

Silence!... Je vous prenais pour un concierge... vous n'êtes qu'un portier!

ANDRÉ.

Mais enfin, que t'a-t-il fait?

ROLAND.

Ce qu'il m'a fait... le misérable!... on lui remet cette lettre hier soir... très-pressée... il me la donne ce matin.

ANDRÉ.

Eh bien! le grand malheur!

ROLAND.

Comment! une lettre de Loulou...

ANDRÉ, riant.

Ah bah!

ROLAND.

Loulou, ma voisine d'en face... une femme charmante... dont j'ai fait la connaissance à la brasserie... Dix-huit ans... des yeux... grands comme ça... et une bouche... comme ceci... une

* André, Zoé, Roland, Caboulot.

vraie rose!... les abeilles s'y trompaient.... et blonde... comme Cérès. (A Caboulot.) Cérès... qui préside aux moissons... une déesse! (Criant.) une déesse!

CABOULOT.

Mais, monsieur, puisque mon épouse et moi nous dormions quand vous êtes rentré...

ROLAND.

Ils dormaient!... c'est prodigieux!... Monsieur Caboulot, vous avez manqué à votre mission. — Une loge est une guérite!... Archer du palais, veillez!

ZOÉ.

Enfin, vous l'avez, votre lettre...

ROLAND.

Trop tard, Zoé, trop tard, voyez plutôt... (Il lit.) « Je t'attends...» sans s... « à la brasserie » r-i-z... comme dans riz au lait... Cher ange!... « Viens-y... » z-i... Aimez-vous les z... elle en a mis partout. « Ou je romps avec toi. » R-o-n ron... comme dans ron ron petipatapon... C'est de l'orthographe transcendante... ancien prix d'honneur au collége de la nature!... Et je suis brouillé... à cause d'un Caboulot!...

(Il a retiré sa redingote.)

CABOULOT.

Je vous réitère, monsieur Roland...

(Il accroche la redingote.)

ROLAND, avec dignité, mettant sa vareuse.

Assez, monsieur Caboulot, assez... désormais vous n'existez plus pour moi!... Quand j'aurai des renseignements à cueillir, c'est à madame Caboulot seule que je veux avoir affaire... Quand je passerai, dissimulez-vous dans les angles obscurs... Disparaissez dans les placards... Evitez-moi le spectacle toujours pénible d'un concierge qui cède aux douceurs du sommeil quand il a des paquets pour ses locataires... Allez, monsieur Caboulot, je ne vous retiens pas... (Changeant de ton.) Va-t'en, portier!

CABOULOT.

Concierge!... (A part.) Oh! ces artistes!...

(Il sort par le fond.)

SCÈNE III

ANDRÉ, ZOÉ, ROLAND.

ANDRÉ, à Zoé en se levant.

C'est fait... Tu peux t'habiller.

(Zoé quitte l'estrade, relève ses cheveux et se coiffe devant un miroir. — Roland se promène en faisant de grands gestes.)

ANDRÉ, à Roland.

Est-ce que tu n'auras pas bientôt fini ?

ROLAND.

Parbleu ! je voudrais bien te voir à ma place. Une femme délicieuse !... et musicienne !...

ANDRÉ, haussant les épaules.

Allons donc !... Tiens... tu me fais pitié...

ROLAND.

De première force sur le cornet à pistons... Son père était trombone dans un régiment... (Poussant un cri.) Ah !

ANDRÉ, qui roule une cigarette.

Quoi donc ?

ROLAND.

Un dernier espoir... (Il va prendre son cor de chasse. — A lui-même.) Alors que nos cœurs gravissaient les Alpes du sentiment ! Ecoute, me dit-elle, quand tu douteras de mon amour, prends ton cor de chasse... J'entendrai ton appel et je te répondrai. — Si oui, c'est-à-dire si je t'aime encore, je jouerai le grand air de *Jérusalem*... si non... je jouerai... n'importe quoi de l'école française... Allons !...

(Il ouvre la fenêtre.)

ANDRÉ.

Ah çà ! veux-tu fermer la fenêtre !...

ZOÉ.

Il vient de l'air... on grelotte...

ROLAND.

Faites du feu... égoïstes !... (Il embouche son cor de chasse et pousse quelques notes.) Elle va répondre... O Verdi ! sois-moi propice !

(On entend jouer au dehors l'air de : *Va-t'en voir s'ils viennent, Jean.*)

ROLAND, accablé.

Ecole française !...

(Il ferme la fenêtre et s'assied à droite.)

ZOÉ, qui a terminé sa toilette.

Là... voilà qui est fait... A propos, monsieur Roland, vous me devez six séances... (Roland, absorbé, ne lui répond pas.) Oh ! ça n'est pas pressé... je reviendrai après déjeuner... Adieu, monsieur André...

(Fredonnant) :

Va-t'en voir s'ils viennent, Jean,
Va-t'en voir s'ils viennent.

(Elle sort en riant par le fond.)

ROLAND *, se levant et passant à gauche.

Une femme... à qui j'avais pardonné treize fois... Tous les quinze jours nous avions des liquidations féroces. (S'attendrissant.) Enfin, c'est fini... Tiens !... qu'est-ce que j'ai dans l'œil ? C'en est une !...

ANDRÉ, éclatant de rire.

Tu pleures ? ah ! ah ! ah !

ROLAND.

Ne fais pas attention... c'est ma dernière... elle va rejoindre les autres.

(Il se jette dans le fauteuil.)

ANDRÉ, les bras croisés, regardant Roland.

Il y a des moments où je me demande si tu n'es pas fou !...

(Il s'assied sur l'estrade.)

ROLAND.

Oh ! je n'ai pas cette chance-là... seulement je n'ai pas été découpé dans un rocher... comme toi !... Tu es en granit, en pierre de taille, c'est convenu.

ANDRÉ.

Mon cher, d'abord l'amour n'existe pas.

ROLAND.

Va ton train, va !...

ANDRÉ.

Il n'y a qu'une chose vraie...

ROLAND.

Laquelle ?

ANDRÉ.

Faire des tableaux, les vendre 30,000 francs comme Dela-

* Roland, André.

croix ou Meissonnier, et dormir tranquille... en rêvant Panthéon...

ROLAND.

Je n'aime pas ce quartier-là...

ANDRÉ.

Est-ce que tu dors, toi, quand tu aimes ?

ROLAND.

Fichtre non !...

ANDRÉ.

L'insomnie, la fièvre, les scènes... j'ai connu tout ça... quand j'étais jeune.

ROLAND.

Salut, vieillard cacochyme ! comment va ta goutte ?

ANDRÉ.

Maintenant... ouf !... je respire... je dors... Pourquoi ? parce que je sais que l'amour est une plaisanterie, et que je l'ai rayé... de mes habitudes.

ROLAND, se levant.

Superbe !... oh ! quel homme fort !.. Es-tu assez fort, hein ! Changeant de ton.) Et dire que le gouvernement commande des tableaux à ces gens-là !

(Il passe à droite.)

ANDRÉ*, se levant.

S'il y a quelque chose de sérieux dans la vie... c'est un mariage... une position...

ROLAND.

Une position... L'Institut, pas vrai ? Ah çà ! est-ce que tu comptes traverser demain le pont des Arts ?

ANDRÉ.

En tout cas, ce n'est pas une maîtresse qui m'arrêtera au milieu...

ROLAND.

Eh bien ?... et... (Indiquant du doigt l'étage supérieur.) Et Madeleine ?

ANDRÉ, impatienté.

Hé ! Madeleine !

ROLAND, triomphant.

Je t'attendais là, mon gaillard !... Tu es bloqué. — La Providence t'a gâté de ce côté-là, c'est vrai... il n'y a qu'une Madeleine... et il y a pas mal de Loulou... C'est égal, je regrette mon échantillon... Loulou XXIV... reine de la fantaisie !

* André, Roland.

ANDRÉ.

Mais tu ne l'aimais pas ?

ROLAND.

Si fait !...

ANDRÉ, se remettant à son chevalet et travaillant.

Allons donc !... Tu lui écrivais des lettres que tu copiais dans le *Secrétaire des amants*... un volume in-12... que nous avons acheté ensemble 50 centimes... dans les galeries du Palais-Royal.

ROLAND, riant.

C'est vrai... Mais qu'est-ce que ça prouve ? je les copiais... avec conviction... Et puis, c'est si commode ces petites machines-là... (Il s'assied à droite, prend un petit volume sur le guéridon et se met à le feuilleter.) Lettre première : (Lisant.) « Madame, c'est en tremblant que je prends la plume. Comment exprimer l'amour qui brûle mon sein ?... » Et cætera... et cætera... « Mais le respect m'enchaîne. » Et cætera... Lettre deuxième : (Lisant.) « Madame, vous m'avez permis de vous voir... » Et cætera... et cætera... « Mais le respect m'enchaîne... » Et cætera... Lettre troisième : (Lisant.) « Ange adoré, enfin, tu l'as dit, ce mot : Je t'aime... » Et cætera et cætera... Le respect finit à la lettre troisième.

ANDRÉ.

Joli ouvrage !

ROLAND.

Qu'est-ce que tu veux donc qu'on te serve pour 50 centimes ? Madame de Sévigné ? (Feuilletant toujours le livre et se levant.) Ah ! en voilà une que j'ai écrite souvent : (Lisant.) « Lettre pour refuser de l'argent à la jeune personne. — Ah ! que ne suis-je un Crésus !... quel bonheur j'aurais à t'envoyer la somme que tu me demandes... mais... »

ANDRÉ, riant.

Le respect m'enchaîne...

ROLAND.

Non. (Continuant sa lecture.) « Mais, hélas !... les arts sont dans le « marasme... Je n'ai pas mangé depuis quinze jours. »

ANDRÉ, riant.

Ah ! ah ! ah !

ROLAND, feuilletant toujours.

Il n'y a que le n° 27 que je ne lui ai pas écrit... la lettre de rupture : (Lisant). « Madame, tout est fini... »

ANDRÉ riant toujours.

Tiens !... tout l'amour est là !...

ROLAND, jetant le livre.

Incrédule ! Tu seras mordu... comme les autres.

ANDRÉ.

Jamais !

ROLAND.

Comme les autres

ANDRÉ.

Jamais !...

SCÈNE IV

ANDRÉ, MADELEINE, entrant gaiement par le fond, un ouvrage de tapisserie à la main, ROLAND.

MADELEINE.

Bonjour, messieurs... Peut-on entrer ?

ROLAND.

Madeleine ! Tambours, battez aux champs !... Venez, Fornarina... venez protester contre les paradoxes de Raphaël...

MADELEINE, souriant.

Comment ? je ne comprends pas...

ROLAND.

Ça ne fait rien ! Protestez toujours.

MADELEINE, gaiement.

Je proteste.

ROLAND.

Très-bien... Passons à l'ordre du jour.

MADELEINE.

Vous ne savez pas ?... j'ai encore une heure avant d'aller à mes leçons... je viens la passer auprès de vous.

ROLAND.

Bravo !

MADELEINE.

Travaillons... C'est si gentil de travailler comme cela.. tous les trois...

ROLAND.

Oui... c'est pittoresque... moi, je suis pour le pittoresque...

MADELEINE, à part, regardant André tristement.

Il ne m'a pas embrassée !...

(Elle s'assied dans le fauteuil et travaille.)

ROLAND, chantant en cherchant.

Qu'ai-je fait de mon ébauchoir ? où peut l'avoir fourré notre femme de ménage ?... (S'arrêtant.) Tiens ! je chante... et j'ai la mort dans le cœur.

MADELEINE.

Vous ?

ROLAND.

Je suis abandonné !... par une femme du monde.

(Se remettant à chanter sur les dernières notes de l'air du *Miserere* du *Trouvère*, en cherchant toujours son ébauchoir :)

O ma Loulou,
O ma Loulou,
Adieu !

Tra la la la la... Sacrebleu ! qu'est-ce que j'ai fait de mon ébauchoir ?

(Il entre à gauche.)

MADELEINE *, à elle-même.

L'amour peut donc finir ?

ANDRÉ, qui guettait le départ de Roland, allant vivement à Madeleine.

Madeleine, qu'avez-vous ?

MADELEINE.

Moi... rien... seulement, quand je suis entrée, pas un regard, pas un mot !... alors, mon cœur s'est serré... un peu... mais c'est fini...

ANDRÉ.

Non... ce n'est pas fini... (Il s'assure d'un coup d'œil que Roland ne rentre pas et tend vivement les bras à Madeleine.) Madeleine !

MADELEINE, se levant et se jetant dans ses bras.

Ah ! il m'aime toujours !...

(André prend dans ses mains la tête de Madeleine et l'embrasse au front.)

ROLAND *, reparaissant et surprenant le baiser.

Entrez !

(André réprime un mouvement d'humeur et retourne à son tableau.)

MADELEINE **.

Oh ! venez, Roland, je suis si joyeuse... Vous ne savez pas ? .. depuis quelques jours, j'avais peur... André était distrait... préoccupé...

* André, Madeleine.

** André, Madeleine, Roland.

ANDRÉ.

Moi? quelle idée!...

MADELEINE.

Il rentrait tard... Hier, vous êtes rentré à plus de minuit.

ROLAND.

Plus de minuit!... Oh! oh! Et d'où venais-tu, malheureux, à cette heure indue?

MADELEINE, à André.

Oui; d'où veniez-vous?

ANDRÉ, avec embarras.

Hé! mon Dieu! j'ai... j'ai une famille...

MADELEINE, à Roland.

Ah!...

ROLAND.

Une famille?.. oh! oui... ton oncle... un ancien négociant... enrichi dans les cotons... Et tu venais de chez lui à cette heure-là?

ANDRÉ.

Oui, je venais de chez lui.

MADELEINE.

Oh! c'est bien différent!... mais j'avais peur... je croyais qu'il avait cessé de m'aimer...

(Elle se rassied.)

ROLAND.

Cesser de vous aimer!... Est-ce que c'est possible? vous. Madeleine... Madalena... la petite Nena... comme nous disions à Rome... la petite chanteuse des rues qui venait chanter à la villa Médicis... quand nous étions pensionnaires du gouvernement... Nena, qui comme aujourd'hui égayait les heures du travail... Nena, à qui notre camarade Berneret apprenait le piano, et qui devenait peu à peu une musicienne, une vraie artiste! car ma parole d'honneur, vous autres Italiennes, vous êtes toutes nées sous un si-bémol... C'est vrai... dans ce pays-là, on vient au monde en chantant... *Guillaume Tell*... quand c'est un garçon... et l'air du *Barbier*... quand c'est une demoiselle...

(André a passé à droite.)

MADELEINE *.

Oh! oui... je travaillais bien, n'est-ce pas, André?... Etre pianiste, donner des leçons, gagner sa vie .. c'était un si beau rêve!

* Madeleine, Roland, André.

ANDRÉ.

Ce rêve s'est réalisé pour vous, Madeleine.

ROLAND.

Cesser de vous aimer!... vous, qui l'avez si bien soigné... l'intrigant.... quand il a eu ces abominables fièvres d'Italie. Vous lui avez fait de la tisane bleue. Oh! avoir une femme qui vous fait de la tisane bleue!...

MADELEINE.

C'est si naturel... N'avez-vous donc jamais eu une femme à votre chevet ?

ROLAND.

Jamais!... j'ai été adoré, c'est évident ; mais quand j'étais souffrant, les demoiselles me disaient : « Faut vous soigner, mon bon. » Et elles ne revenaient jamais... Tandis que vous... (avec admiration) vous!... (A André.) Veux-tu l'embrasser tout de suite!

(Il le fait passer près de Madeleine.)

ANDRÉ *.

Et toi, veux-tu me laisser tranquille! Il est insupportable, n'est-ce pas, Madeleine ?

MADELEINE, gaiement.

Je ne trouve pas.

ROLAND, allant travailler à sa statue.

Vivent les souvenirs!.... Ça rajeunit!.... Et nos cinq années faites, quand nous avons quitté Rome, qui a suivi André? la petite Nena! Toujours elle.... Fidèle, dévouée, marchant toujours.... comme le chien du régiment...

MADELEINE.

Ah! c'est qu'à Paris je devais le revoir, lui.

ROLAND.

Elle est venue à pied... Embrasse-la, je ne regarde pas!

(Il cache sa tête derrière la statue.)

ANDRÉ, impatienté.

Ah ! tu m'ennuies!...

MADELEINE.

Oui, à pied... et en chantant la canzonnetta des Pifferari que vous aimiez tous... — Vous la rappelez-vous, Roland ?

(Elle se lève et va à Roland.)

* Madeleine, André, Roland.

ROLAND *, quittant sa statue.

Si je me la rappelle!... corpo di Bacco!... Où est mon tambour de basque?

(Il prend un tambour de basque dont il s'accompagne en chantant avec Madeleine. — Pendant ce chant, André s'est assis près de son chevalet et les regarde en souriant.)

MADELEINE et ROLAND.

Air nouveau de M. Victor Chéri.

Io sono la poverina,
Tra la la...
Canto, ballo sulla piazzetta,
Tra la la...
Fate, signor et signora,
Fate (*bis*) la carita.
Fate, signor et signora,
Alla povera
Che canta
La carita (*bis*).
Ecco, ecco, la Bambina!

(Après ce chant, on frappe au fond.)

ANDRÉ, se levant.

Entrez!

ROLAND.

Des rôdeurs d'ateliers! Quand on est bien en train de travailler... on est toujours dérangé!... C'est insupportable!...

SCÈNE V

ES MÊMES, GAUTROT, PAILLERET.

(Gautrot, gaillar dà moustaches en croc, le chapeau sur l'oreille, l'air crâne. Pailleret, type de dandy.)

PAILLERET **.

Bonjour, travailleurs!... (Saluant Madeleine, qui se dispose à sortir.) Mademoiselle...

GAUTROT ***.

C'est nous qui vous faisons fuir, mademoiselle?

* André, Madeleine, Roland.
** André, Madeleine, Pailleret, Gautrot, Roland.
*** André, Pailleret, Madeleine, Gautrot, Roland.

MADELEINE.

Non, messieurs... Une leçon à donner... Excusez-moi... (*A André.*) Je vous reverrai ce soir, n'est-ce pas?...

ANDRÉ, *gêné.*

Ce soir ?... Oui... oui... sans doute !...

(*Il se remet à son chevalet.*)

MADELEINE.

Messieurs...

(*Elle salue et sort par le fond.*)

ROLAND, *criant.*

Adieu, Nena!

PAILLERET *, *lorgnant le tableau d'André.*

Peste!... votre tableau avance...

GAUTROT, *se laissant aller dans le grand fauteuil en tapisserie.*

Ouf ! vous permettez?... Je suis rompu! Ces maudits témoins m'ont fait faire dix lieues !...

ROLAND, *s'asseyant à droite et travaillant à une petite ébauche qu'il prend sur le guéridon.*

Vos témoins?... Encore un duel ?...

GAUTROT.

Oui... une dispute à l'Opéra, pour un fauteuil d'orchestre.... avec un monsieur que j'ai assez malmené. Et ce matin nous sommes allés sur le terrain... à Ville-d'Avray... une heure et demie avant de trouver un endroit... par un temps impossible...

ANDRÉ.

Est-ce que vous l'avez blessé?

GAUTROT.

Non... les témoins ont arrangé l'affaire... je ne tenais pas du tout à tuer ce monsieur... vous comprenez?... dix ans de salle... je suis sûr de moi... (*Se levant et indiquant des coups avec sa canne.*) J'attends mon homme... il attaque, je pare et je riposte... il marche, je pare...

ROLAND, *travaillant, à part.*

Il part... pour la campagne!...

PAILLERET **, *allant à Gautrot.*

Et tu es allé te battre par le chemin de fer? c'est affreux!... un homme qui se respecte doit arriver en voiture de maître.

* Pailleret, André, Gautrot, Roland.

** André, Pailleret, Gautrot, Roland.

Si tu m'avais écrit un mot... je t'aurais prêté ma voiture... Oh! mon cher, je viens d'acheter une paire de chevaux... deux bijoux, deux amours!...

ANDRÉ.

Cher?...

PAILLERET.

Non... quinze mille francs chez Maurice... Ah! ce que coûte la vie parisienne !...

(Il s'assied dans le fauteuil.)

ANDRÉ.

Vous allez beaucoup dans le monde?...

PAILLERET.

Beaucoup... Eh bien, à chaque bal, c'est quinze francs de gants.

ROLAND.

Quinze francs de gants?...

PAILLERET.

Sans doute... trois paires de gants... Un homme du monde... un homme qui se respecte enfin, doit toujours être ganté de frais... Eh bien, vous dansez une polka... vous prenez une glace... voilà une paire de gants défraîchie... Oh! c'est ruineux !

MARIUS TAUPIER, entrant par le fond, sa pipe à la bouche.

Bonjour, tout le monde!...

(Marius Taupier, type de bohème; longs cheveux, barbe inculte, chapeau rond, paletot de velours usé; mise ayant une grande prétention à la négligence et à l'excentricité.)

SCÈNE VI

ANDRÉ, PAILLERET, GAUTROT, TAUPIER, ROLAND.

TAUPIER, à Roland.

Dis-donc, vieux, as-tu encore tes eaux-fortes de Rembrandt? J'en ai besoin pour un renseignement.

ROLAND, montrant la gauche.

Oui... cherche dans ce cabinet .. Elles sont dans le grand carton vert...

(Les jeunes gens saluent Taupier.)

TAUPIER, à Roland.

Ces messieurs ?...

ROLAND, *se levant et les présentant.*

M. Prosper Gautrot, amateur... M. Pailleret, amateur... M. Marius Taupier, artiste.

PAILLERET, *souriant.*

Cela se voit...

ROLAND.

Je crois bien... si ça ne se voyait pas, il se brûlerait la cervelle.

TAUPIER.

Tu plaisantes toujours...

(Il passe près d'André, qui a quitté son chevalet.)

ROLAND *.

Pourquoi ne te fais-tu pas couper les cheveux !... ça coûte dix sous...

TAUPIER.

Est-ce que je m'occupe de ça ?... Est-ce que tu me prends pour le Journal des modes, moi?

ROLAND.

Oh ! non.

(Il se rassied à droite. — Gautrot s'assied à côté de lui.)

TAUPIER.

Je suis artiste... pour mon malheur... vu que l'art est mort. Il n'y a plus de bons hommes... Où sont les eaux-fortes ?

ANDRÉ.

Carton vert.

TAUPIER, *frottant une allumette sous la semelle de sa botte pour la faire prendre et rallumer sa pipe.*

Rembrandt ! Il était rudement fort, celui-là !... il avait un côté !...

ANDRÉ.

Il se faisait couper les cheveux !..

TAUPIER.

Maintenant, en peinture, on fait des moutons... et en sculpture, pas un torse... L'art est mort, quoi !

(Il entre à gauche.)

OSCAR, *qui a paru à la porte du fond.*

Alors, vive l'amour, messieurs !

* Pailleret, André, Taupier, Gautrot, Roland.

SCÈNE VII

PAILLERET, ANDRÉ, OSCAR DE LA FAYOLLE, GAUTROT, ROLAND.

TOUS.

Oscar !

OSCAR.

Bonjour, André... Tiens ! Pailleret !... Gautrot !... Ah ! c'est charmant !... (Il distribue des poignées de main.) Bonjour, Roland ! Sont-ils heureux de travailler !... moi, je n'ai pas le temps...

TOUS.

Bah !

ANDRÉ.

Et pourquoi ?

OSCAR.

Les femmes, messieurs !...

TOUS, riant.

Ah !...

(Pailleret se rassied dans le fauteuil, et André s'installe sur le divan au fond.)

OSCAR.

J'ai une veine de femmes blondes... L'année dernière, c'étaient les brunes, une série, mon cher, une vraie main... Ah ! dites-donc, Manda... vous savez bien ?... Manda... ma maîtresse... j'ai rompu... oh ! une histoire délirante... Elle s'est rencontrée un soir, chez moi, avec Célestine Pilois... Célestine Pilois... qui a ruiné trois Russes... Une scène, mon cher... ah ! elles se sont battues... Il y a Célestine qui a arraché le chapeau de Manda... Manda n'avait plus de chapeau... Elles ont tout cassé... tout... C'était superbe... ah ! ah ! ah !

(Il passe à gauche.)

GAUTROT *.

Diable d'Oscar, va !...

OSCAR.

Ah çà ! il est quatre heures... Est-ce qu'on ne prend pas le madère ici ?...

ANDRÉ, se levant.

Si fait !

Tous se lèvent.)

* Oscar, Pailleret, André, Gautrot, Roland.

ROLAND, allant chercher une bouteille et des verres.

Madère demandé... voilà ! voilà !

(Il verse.)

PAILLERET *, tirant un porte-cigare.

Messieurs, d'excellents cigares... j'ai pris le parti de les faire venir de la Havane...

(Il offre des cigares.)

OSCAR.

Ce qu'il y a de fort, c'est que je vais peut-être me marier...

TOUS.

Allons donc !...

OSCAR.

Oui, mon père veut que je me marie... un père moral... comme tous les pères de province... Alors, j'ai demandé la main d'une jeune personne... que vous connaissez, André.

ANDRÉ.

Moi ?... qui donc ?

OSCAR.

Je vous dirai cela plus tard... Ah çà ! vous ne m'abîmerez pas auprès du beau-père ?... vous ne direz rien de mes aventures ?

ANDRÉ.

Trahir un ami ? Fi donc !

(Pailleret va se rasseoir dans le fauteuil.)

OSCAR **, buvant son madère.

Oh ! les aventures... je ne peux pas sortir de chez moi sans marcher sur une aventure. Tenez, hier au soir, rue Labruyère...

(Tous s'asseyent, excepté Oscar : Roland sur l'estrade, André et Gautrot à droite.)

ROLAND, se versant du madère.

Première aventure du nommé Oscar, gentilhomme français... Oscar Lauzun, allez votre train !...

OSCAR.

Eh bien ! j'ai rencontré une Mimi-Pinson... en simple bonnet... je lui ai pris la taille...

ROLAND.

Petit mousquetaire, va !

OSCAR, voix de femme.

« Monsieur, laissez-moi... que voulez-vous ? — T'aimer, ma

* Oscar, Roland, Pailleret, Gautrot.

** Pailleret, Roland, Oscar, André, Gautrot.

chère enfant!... — Mais c'est indigne!... jamais!... c'est impossible!...» Je l'ai accompagnée...

PAILLERET.

Jusqu'à la porte?

OSCAR, jouant avec son stick.

Oh! plus loin...

ROLAND.

Bah!

OSCAR.

Parfaitement!... et... (Avec fatuité) j'ai passé une vraie soirée!

TOUS.

Vive Oscar!

(Oscar va reporter son verre sur la table à droite.)

SCÈNE VIII

LES MÊMES, ZOÉ.

ZOÉ *, entrant par le fond.

Monsieur Roland! monsieur Roland!

ROLAND, se levant.

Zoé!

ZOÉ.

Je viens chercher mon argent...

ROLAND.

Nous avons six séances... attends...

OSCAR, s'approchant de Zoé, à part.

Une re-grisette!

ZOÉ, le regardant.

Oh!

OSCAR, à part.

Ah!...

ANDRÉ.

Qu'est-ce donc?

ZOÉ.

Oh! rien... C'est que monsieur ressemble... Oh! c'est bien drôle tout de même...

* Pailleret, Zoé, Oscar, André, Gautrot.

ROLAND.

A qui?

ZOÉ.

A un petit imbécile qui m'a suivie hier soir, rue Labruyère...

TOUS.

Hein?

ZOÉ.

Il voulait me prendre la taille! je lui ai donné un soufflet... Il n'a pas demandé son reste... il court encore!

TOUS, riant.

Ah! ah! ah!

ZOÉ, prenant l'argent que lui donne Roland.

Merci, monsieur Roland... Bonjour, messieurs et la société...

(Elle sort vivement par le fond. — Les rires éclatent autour d'Oscar consterné. — Tous se lèvent, excepté Gautrot.)

SCÈNE IX

LES MÊMES, moins ZOÉ, puis MARIUS TAUPIER.

OSCAR*.

Ce n'est pas moi!... je jure que ce n'est pas moi...

ROLAND.

Allons donc! deuxième et dernière aventure du nommé Oscar, gentilhomme français... (Elevant son verre.) A la santé d'Oscar!

(André va s'asseoir près de Gautrot.)

TOUS.

A la santé d'Oscar!

TAUPIER **, rentrant par la gauche, des dessins à la main et toujours la pipe à la bouche.

Qu'est-ce que c'est? Les vins étrangers circulent en mon absence!

ROLAND, montrant la table de droite.

Prends ton verre...

(Taupier va le prendre. — Roland passe à gauche.)

OSCAR ***.

Pourquoi le nierais-je? Manda m'a donné vingt soufflets et je ne les nie pas... J'adore les femmes.

* Pailleret, Roland, Oscar, André, Gautrot.

** Pailleret, Roland, Oscar, Taupier, André, Gautrot.

*** Roland, Pailleret, Oscar, Taupier, André, Gautrot.)

GAUTROT.

Et moi donc !... Je me suis battu vingt fois pour elles...

PAILLERET, *étendu dans le fauteuil.*

Mais, moi, elles me ruineront... Il y a six mois, messieurs, j'ai fait le voyage de Londres exprès pour acheter trois rangs de perles chez Mortimer... et pourquoi ?... pour Mélanie... que je n'aimais pas...

TAUPIER, *son verre à la main.*

Moi, quand j'achèterai des perles pour une femme, il fera une jolie chaleur !...

(*Il va s'asseoir sur l'estrade.*)

PAILLERET.

Oh ! qu'un galant homme se ruine pour sa maîtresse, rien de mieux.

ANDRÉ.

Mais qu'un homme d'esprit le prenne au sérieux, voilà qui est absurde.

ROLAND.

Ah ! on va démolir les femmes ?... Parfait ! je prends ma stalle. (*Il s'assied à gauche.*) Allez.

GAUTROT.

Mon cher, j'avais une maîtresse que j'adorais... Eh bien ! elle me trompait... Il y avait un Brésilien... je suis allé le trouver...

ROLAND.

Vous l'avez tué, c'est convenu !... Allons, massacrons un peu le Brésil !...

GAUTROT.

On a arrangé l'affaire... heureusement.

TAUPIER.

Est-ce qu'on peut travailler avec les femmes ? Elles sont toujours dans votre poche.

ROLAND.

Tous les grands artistes ont aimé.

ANDRÉ.

Allons donc !

TAUPIER.

L'amour est inutile. — Savez-vous ce que disait aux Romains Quintus Métellus ?...

(*On rit.*)

ROLAND.

Où va-t-il chercher ça !

TAUPIER.

C'était un Romain carré, celui-là, un vrai... il avait un côté... il leur disait... (Changeant de ton.) Qu'est-ce qui me passe le tabac?

(Il se lève.)

ROLAND.

Tout à l'heure!... On demande le discours de Quintus Métellus...

TAUPIER.

Il leur disait : « Romains... » Oh! il était d'un carré avec les femmes!...

TOUS, avec impatience.

Le discours!

TAUPIER, déclamant.

« Romains, oui, les femmes sont coquettes, menteuses, insupportables... mais, quoi?... puisque la nature a arrangé les choses de telle sorte qu'on ne peut ni vivre tranquille avec une femme, ni vivre sans femme, eh bien... mes enfants... marions-nous pour assurer la perpétuité de notre nation... »

ROLAND.

Eh bien!

TAUPIER, se rasseyant sur l'estrade.

Eh bien! Paris a plus de deux millions d'habitants; on ne peut plus se loger. Les femmes, c'est du luxe... Voilà!

(Pailleret se lève et va au fond s'étendre sur le divan.)

ROLAND.

Comme c'est joli ce que tu dis là!

TAUPIER.

Je suis logique.

ROLAND.

Tu es inepte!

ANDRÉ.

Enfin, tu conviendras, mon cher...

ROLAND.

Ah! — La parole est à M. André Garnier, jeune vieillard plein d'expérience.

ANDRÉ, riant et se levant.

Vieillard! parce que je ne parle pas de mes vingt ans, de ma jeunesse en deuil, de tout ce bagage absurde que les poëtes ont inventé!... (Il vient s'asseoir sur le fauteuil*.) Sous le prétexte que

* Roland, André, Oscar, Pailleret, Taupier, Gautrot.

l'on a vingt ans, il faut se donner des boucles de cheveux, des alliances... dans lesquelles on fait graver sérieusement : « Anatole, Caroline, 1er mai 1857. » Est-ce assez gracieux !

ROLAND.

Mais, enfin, qu'est-ce que tu demandes ?

ANDRÉ.

Je demande qu'on supprime les sonnets, les violettes, les bois d'Aulnay et les clairs de lune, comme excitation à la débauche. Je demande qu'on supprime les mansardes et les jeunes filles qui arrosent les capucines de leurs fenêtres, en élevant des chardonnerets.

ROLAND.

C'est trop fort !... Qu'est-ce qu'ils t'ont fait, les chardonnerets ?

ANDRÉ.

Ils m'agacent ; ce sont des pianos à plumes... Je demande qu'on ne dise plus d'une femme aimée : « Oh ! celle-là n'est pas comme les autres !... celle-là est un ange !... »

ROLAND.

Pourquoi ?

ANDRÉ.

Parce que, quinze jours après, on est forcé de dire le contraire, et qu'alors on a l'air d'un monsieur qui ne sait pas ce qu'il dit. L'amour !... les serments éternels !... allons donc !... Est-ce qu'un homme intelligent doit se laisser arrêter par ces niaiseries sentimentales ! — Une maîtresse, c'est une fantaisie, une occasion ; on la prend et on la quitte. C'est si facile de dire à une femme : « Ma chère, je vous aimais hier, je ne vous aime plus aujourd'hui... c'est fini... quittons-nous. » C'est si simple ! la femme est furieuse... vous menace de se tuer... naturellement...

GAUTROT.

Les femmes ne se tuent jamais...

TAUPIER, se levant.

Elles se manquent toujours. Lisez la *Patrie*. « Les voisins sentirent une forte odeur de charbon ; on enfonça la porte, et on aperçut la demoiselle X... complètement inanimée. »

ANDRÉ, riant.

« Les secours qui lui furent prodigués la rappelèrent à la vie. »

TAUPIER, se rasseyant sur l'estrade.

« On attribue sa fatale résolution à un désespoir d'amour. »

ANDRÉ.

Et un mois après, on rencontre le poëme de sa jeunesse coiffé d'un chapeau rose, vêtu d'une robe mauve, au bras d'un jeune monsieur,— le tout entrant aux Provençaux ou au Café Anglais.

TAUPIER.

Le charbon a changé de destination! on met dessus des côtelettes. Dzing! boum! allez, la musique!

(Il se lève et va près de Gautrot.)

OSCAR.

Mais toutes les femmes se consolent. — Les veuves ne pensent qu'à se remarier.

ANDRÉ.

Parbleu! elles y pensent.... avant d'être veuves...

ROLAND *, furieux, se levant et prenant le milieu.

Vous êtes fous! la femme, c'est le cœur, c'est la force, c'est le dévouement, c'est l'amour enfin, et l'amour, c'est la vie.

PAILLERET, riant.

Souvent femme varie!...

GAUTROT, riant.

Perfide comme l'onde!...

ROLAND.

Les femmes sont des anges... vivent les femmes!... Ouvrez l'histoire... citez m'en une, depuis la création du monde... une seule qui ne soit pas un ange, je vous en défie.

ANDRÉ, riant.

Ève, qui a perdu le premier homme.

ROLAND.

Oui, mais elle l'a suivi dans son exil, elle l'a aimé... et l'amour voilà le vrai paradis!... Femme charmante!...

TAUPIER.

Et Lucrèce Borgia?

ROLAND.

Résultat d'une mauvaise éducation... femme à plaindre!

OSCAR, riant.

Eh bien?... Et la marquise de Brinvilliers?

* Oscar, André, Pailleret, Roland, Taupier, Gautrot.

ROLAND.

Chimiste distinguée! Renvoyée à l'Académie des sciences. Et les veuves du Malabar, qui se jettent dans le feu pour rester fidèles à leurs maris !... Les femmes sont sublimes !...

ANDRÉ.

Elles vous trompent...

ROLAND.

Souvent!... mais elles en sont fâchées après... ce qui prouve la bonté de leur caractère. (A André.) Tiens, tu es ridicule... avec ta pose au monsieur insensible, tu abîmes l'amour... et quand tu es seul, tu prends les colombes en sevrage.

ANDRÉ.

Et toi donc, tu ne poses pas ?

ROLAND.

Moi ! jamais !

ANDRÉ *, se levant, ainsi que les autres.

Allons donc !... Messieurs, je vous le dénonce ! Quand il allait aux rendez-vous de Loulou, il se sanglait... il pose... pour l'homme maigre.

(On rit.)

ROLAND, vexé.

Mais je ne suis pas gras, j'ai des muscles, voilà tout.

ANDRÉ.

Et cela ?

(Il montre son ventre.

ROLAND, avec aplomb.

C'est de l'estomac !

ANDRÉ, riant.

Décidément, il est maigre...

GAUTROT, riant.

Il est poitrinaire !...

PAILLERET, riant.

Le climat de Nice, mon cher!

OSCAR, riant.

Infortuné Roland !

TAUPIER, lui serrant la main.

Tu devrais te mettre au lait d'ânesse, il y en a dans le quartier.

* Oscar, Pailleret, André, Roland, Taupier, Gautrot.

ROLAND.

Des ânesses ?

TAUPIER.

Superbes !...

ROLAND, entre ses dents.

Parbleu !... il y a des ânes aussi !... (On frappe.) Entrez !

(Gautrot a passé à gauche.)

SCÈNE X

LES MÊMES, M. BOURDET, entrant par le fond.

BOURDET *.

Pardon, messieurs... Est-ce qu'un profane tel que moi ?...

ANDRÉ.

Mon oncle !...

ROLAND.

M. Bourdet !... (Avançant vivement le fauteuil.) Monsieur Bourdet, donnez-vous la peine...

BOURDET **, s'asseyant.

Volontiers... car vous autres artistes, vous demeurez un peu haut. Du reste, je n'ai pas toujours habité les premiers étages de la rue de Provence.

ROLAND.

Et vous vous êtes toujours bien porté, monsieur Bourdet ?

BOURDET.

Toujours ; vous aussi, à ce que je vois... Êtes-vous heureux d'engraisser comme ça !...

(On rit.)

ROLAND, vexé, à part.

Hagne !!! il n'a que des choses désagréables à vous dire, celui-là !

BOURDET.

Bonjour, mon cher Oscar... j'aurai à vous parler.

ANDRÉ.

Mon oncle, permettez-moi de vous présenter mes amis... M. Pailleret... M. Gautrot... M. Marius Taupier.

* Taupier, Gautrot, Oscar, Roland, Bourdet, André, Pailleret.

** Taupier, Gautrot, Oscar, Bourdet, Roland, André, Pailleret.

BOURDET, se levant à moitié pour saluer, et se rasseyant.

Artiste, à ce que je vois... Moi, messieurs, je ne suis qu'un marchand... venu à Paris en sabots... avec vingt sous dans ma poche. Eh bien! j'ai fait fortune. . Oh! messieurs, c'est que j'ai une volonté... quand je veux une chose, je suis une barre de fer.

ROLAND.

Mais M. Bourdet a aussi manié la plume, messieurs... et sa brochure sur les cotons...

BOURDET, très-modeste.

Oh! Roland, je vous en prie... cette brochure... mon dieu!... Je connaissais la question, voilà tout; j'ai dit sur les cotons des choses... pratiques... et j'ai abordé (fort discrètement du reste) une question assez palpitante...

ROLAND.

La question de l'esclavage!...

TOUS.

Ah!

BOURDET.

Je suis abolitionniste, et cela est facile à expliquer. Fils de mes œuvres, venu à Paris en sabots...

ROLAND.

Avec vingt sous...

BOURDET.

Dans ma poche.

ANDRÉ, bas à Roland.

Tais-toi donc!

BOURDET.

Je dois nécessairement élever la voix en faveur des nègres. Je demande leur émancipation; je jette ce cri au Canada: (Se levant.) « Jeune Amérique, la vieille Europe te regarde... fais-y bien attention... Plus d'esclaves! Nègres et Canadiens, embrassez-vous! »

TOUS.

Bravo!

(Oscar remet le fauteuil en place.)

ROLAND.

Mais alors, monsieur Bourdet, qui s'occupera des cotons? qui récoltera les cannes à sucre?

BOURDET.

Les nègres, mon ami; on les gardera... comme domestiques.

ROLAND.

Ah ! parfait !... c'est une idée !...

BOURDET.

La brochure s'est beaucoup vendue... mais je n'ai aucune prétention à cet égard... Je ne suis qu'un marchand, je le sais... mais j'aime les artistes, les vrais artistes... Il y en a qui gagnent beaucoup d'argent.

TAUPIER, à part.

Bourgeois, va !

BOURDET.

Ainsi, quand mon neveu André s'est fait peintre...

ROLAND.

Vous lui avez fermé votre porte...

BOURDET.

Oui... je doutais de sa vocation... mais maintenant, je lui rouvre mes bras...

(André passe près de Bourdet.)

ROLAND *.

A présent qu'il a des commandes du gouvernement.

BOURDET.

A présent qu'il a des commandes du gouvernement... je n'hésite pas à le nommer mon gendre.

TOUS.

Hein ?

(Tous les regards se fixent sur André.)

ANDRÉ, embarrassé.

Mon cher oncle...

ROLAND.

Comment... votre gendre... lui... André?

BOURDET.

Ah ! bah !... vous ne saviez pas cela ? Il ne vous l'a pas dit?... quel cachotier!... Oui, messieurs, je lui donne ma fille unique... ma Cécile... Mon cher Oscar, vous m'aviez demandé sa main... mais des engagements antérieurs...

OSCAR, très-ennuyé.

Certainement... j'aurais été fier... de...

BOURDET, bas à Oscar.

J'ai consulté Cécile... elle ne vous aime pas...

* Taupier, Gautrot, Oscar, Bourdet, André, Rolland, Pailleret.

ROLAND, à André.

Comment!... tu te maries? Et tu me le cachais!

ANDRÉ.

Rien n'était décidé...

(Il remonte.)

BOURDET *.

Comment, rien?... nous signons le contrat ce soir... Est-ce qu'il ne vous a pas invité à la soirée?

(Il va à Roland.)

ROLAND, regardant André.

Non.

BOURDET, à André.

Ah çà! mais... à quoi penses-tu? Je donne un bal... et je compte sur vous. (Aux jeunes gens.) Messieurs, voulez-vous me faire l'honneur?...

(Il leur remet des cartes.)

PAILLERET.

Avec grand plaisir, monsieur.

GAUTROT.

J'accepte!... Agréez tous mes remercîments.

BOURDET, à Marius Taupier.

Puis-je espérer, monsieur, que vous vous joindrez à ces messieurs?

TAUPIER.

Moi!... (A part.) Pristi!... pas d'habit noir!...

BOURDET.

Oh! j'insiste... j'aime les vrais artistes.

TAUPIER, à part.

D'ici à dix heures j'en trouverai un. (Haut.) J'accepte.

BOURDET.

Ah! bravo... A ce soir, André! Messieurs... soyez exacts... une petite sauterie... sans prétention... mais on s'amusera... A ce soir; ne me reconduisez pas! .. ne me reconduisez pas... Pas de cérémonies... je ne suis qu'un marchand.

TOUS.

Au revoir, monsieur Bourdet.

(Bourdet sort par le fond.)

* Taupier, Gautrot, Oscar, André, Bourdet, Roland, Pailleret.

SCÈNE XI

LES MÊMES, moins BOURDET.

(André est calme. Roland va à lui.)

ROLAND *.

C'est donc vrai?

ANDRÉ, froidement.

Oui... puisque le contrat sera signé ce soir.

ROLAND.

Ah!

OSCAR, riant.

Allons donc!... Il y a un obstacle, mon cher!

ANDRÉ.

Lequel?

OSCAR.

Madeleine.

PAILLERET.

Vous reculerez au dernier moment.

GAUTROT.

La force de l'habitude.

TAUPIER.

Étais-tu beau tout à l'heure! « Tout finit, quittons-nous! » Voilà une phrase qu'on ne dit jamais.

ANDRÉ.

On l'écrit... et je vais écrire à Madeleine.

ROLAND, l'arrêtant.

André! c'est impossible!

ANDRÉ.

Pourquoi?

ROLAND.

Parce que tu aimes Madeleine; parce que le jour où tu lui écriras : « Je ne vous aime plus, » tout sera fini entre elle et toi... fini... pour toujours... Prends garde! prends garde!

(Musique à l'orchestre. — André le regarde un instant, sourit froidement, va s'asseoir devant le guéridon et se dispose à écrire.)

PAILLERET **.

Il écrira!...

* Taupier, Gautrot, Pailleret, Oscar, André, Roland.

** Taupier, Gautrot, Pailleret, Oscar, Roland, André.

TAUPIER, voyant André qui hésite.

Il n'écrira pas!

OSCAR.

Vous hésitez!... Vous voyez bien!

ANDRÉ.

Non... mais... c'est singulier... (Riant.) La première phrase est toujours difficile... Ah!... Roland!... ce livre... le *Secrétaire des amants*... il y a une formule, je crois... le n° 27... Dicte...

TOUS.

Bravo!

OSCAR.

Superbe!

ROLAND.

Parbleu!.. je veux te voir aller jusqu'au bout. (Il prend le livre et improvise comme s'il dictait:) « Madeleine, vous m'avez aimé; vous m'avez veillé comme une sœur; vous m'avez sauvé la vie... »

(André, qui écrivait, laisse tomber la plume.)

ROLAND.

Écris donc... on te regarde!... (Dictant toujours.) « Oubliez mes promesses, mes serments... oublions le passé... Madeleine, je ne vous aime plus. » Signe...

(André signe et cachette la lettre.)

ROLAND, avec douleur.

Ah! je ne t'aime plus, André!

(Il déchire le livre et le jette.)

OSCAR, avec admiration.

Ah! messieurs, c'est excessivement fort!

TAUPIER.

C'est carré!

ANDRÉ, se levant, à Roland.

Tu remettras cette lettre à... Madeleine.

ROLAND.

C'est sérieux?...

ANDRÉ, lui tendant la lettre.

C'est sérieux.

ROLAND, la prenant.

Soit!... mais encore une fois, prends garde!

(Il va au fond et s'assied sur le divan.)

OSCAR *.

C'est d'autant plus fort qu'elle est délicieuse... Une Italienne...

* Taupier, Gautrot, Pailleret, Roland, Oscar, André.

c'est superbe!... Dites donc, André,.. maintenant qu'elle est veuve... je peux lui faire la cour?...

ANDRÉ.

Ah!... (Après un mouvement.) Mais libre à vous!...

(Il remonte vers la gauche.)

PAILLERET *.

Messieurs, décidément André est un grand homme... je propose d'enterrer sa vie de garçon au Café Anglais. J'offre à dîner...

(Gautrot passe près d'Oscar.)

ANDRÉ **, ôtant sa jaquette et passant une redingote.

C'est cela!... au champagne!

TOUS.

Au champagne!

PAILLERET.

Êtes-vous des nôtres, monsieur Taupier?

TAUPIER.

Impossible! (A part.) Je vais faire la chasse à l'habit noir.

PAILLERET.

Au Café Anglais!

GAUTROT.

En route, messieurs!...

(Les jeunes gens sortent gaiement par le fond. — Au moment où André est sur le seuil de la porte, la musique s'arrête à l'orchestre, et l'on entend les sons du piano de Madeleine à l'étage supérieur. Elle joue le petit air italien chanté à la scène IV. André reste immobile et écoute.)

ROLAND, se levant **.

C'est Madeleine qui est rentrée.

ANDRÉ, ému.

Oui.

ROLAND.

Madeleine qui pense à toi et qui se croit aimée... Allons, un vrai mouvement... (Lui tendant la lettre.) Tiens, reprends ça!...

LES JEUNES GENS, dans l'escalier et reparaissant à la porte.

Hé!... André, André!... viens-tu?

* André, Taupier, Gautrot, Pailleret, Roland, Oscar.

** André, Taupier, Pailleret, Roland, Gautrot, Oscar.

*** Roland, André.

ANDRÉ, qui écoutait avec émotion les sons du piano.

Me voilà, mes amis, me voilà !

(Il sort brusquement par le fond.)

ROLAND, seul, et mettant la lettre dans sa poche.

Décidément les hommes sont bêtes!...

(Le rideau baisse.)

FIN DU PREMIER ACTE.

ACTE DEUXIÈME

Un salon très-riche chez Bourdet, donnant dans un autre salon préparé pour un bal. — Lustre, girandoles et candélabres allumés. — Portes latérales. — Dans le pan coupé de gauche une cheminée ; dans celui de droite une console. — A gauche, un guéridon, près duquel est un canapé. — Fauteuils.

SCÈNE PREMIÈRE

BOURDET, puis VALENTIN.

BOURDET, entrant par le fond à gauche, et parlant à la cantonade.

Allumez les bougies du salon ! Préparez les tables de jeu !... (Descendant la scène.) Ah ! quel casse-tête qu'un bal ! (Tirant sa montre.) 8 heures 35 !... On ne tardera pas à arriver... (Appelant.) Valentin ! (A lui-même.) Pourvu que rien ne manque... il faut que je m'assure... (Appelant plus fort.) Val...

VALENTIN *, entrant tranquillement par le fond, à droite.

Monsieur a appelé ?

BOURDET.

Ah ! vous voici. Eh bien, tout est-il prêt ?

VALENTIN.

Oui, monsieur.

BOURDET.

Les potages, les glaces ?

VALENTIN.

Monsieur peut se reposer sur moi. Quand on a servi chez les grands seigneurs...

BOURDET.

Ah ! vous avez servi chez les grands seigneurs ?

VALENTIN.

Depuis mon enfance. A huit ans, j'étais groom chez le marquis de Listenac... le marquis de Listenac, qui descend des Hautecourt par les femmes. Un Listenac, René de Listenac,

* Bourdet, Valentin.

avait suivi à la bataille d'Ivry Henriot de Béarn. Le Béarnais, devenu roi, voulut signer au contrat de René de Listenac avec Marguerite de Hautecourt. On raconte même que ce monarque s'écria : « Ventre-saint-gris, mes deux lions, quels lionceaux me donnerez-vous? » Jolie famille, monsieur, jolie famille!

BOURDET, à part.

Il est très-instruit! (Haut.) Dites-moi, croyez-vous que mon bal sera bien?

VALENTIN.

Pas mal! C'est le dernier de la saison... car nous sommes au printemps. Ça me rappelle qu'aux dernières courses, quand j'étais chez le duc de Puycerda, un Portugais... il engagea deux chevaux, *Jeunesse* et *Mélusine*. Mélusine se déroba au second tour.

BOURDET.

C'est bien. Allez voir si les candélabres sont allumés.

VALENTIN, remontant.

Oui, monsieur. (S'arrêtant à la porte.) *Jeunesse* arriva première et gagna le prix. Oh! les Puycerda! .. jolie famille, monsieur, jolie famille!

(Il sort par le fond à droite.)

BOURDET.

Il est très-instruit.

SCÈNE II

BOURDET, CÉCILE, entrant par la droite en robe de bal.

BOURDET.

Ah! c'est toi, Cécile!

CÉCILE.

Mon cousin n'est pas arrivé?

BOURDET.

Cela n'a rien d'étonnant! Il est encore de bonne heure. (La regardant.) Es-tu assez belle!

CÉCILE.

Ah! mon père, ne dites pas cela! Je suis fagottée...

BOURDET, se récriant.

Fagottée!

CÉCILE.

Les couturières n'en font jamais qu'à leur tête! J'avais recommandé à la mienne de mettre dix-neuf volants à ma jupe...

BOURDET.

Vraiment! Tant que ça?

CÉCILE.

Sans doute! Toutes les femmes qui savent s'habiller ne portent pas moins de dix-neuf volants. Je suis furieuse... J'ai l'air d'une pensionnaire.

BOURDET.

Eh bien! mais... il me semble...

CÉCILE.

J'ai dix-sept ans.

BOURDET.

Seize!

CÉCILE.

Je vais sur les dix-sept... A cet âge-là, on est une personne raisonnable, une personne... sérieuse.

BOURDET.

Heu!... heu! c'est-à-dire...

CÉCILE.

Pardonnez-moi, mon père, très-sérieuse. D'abord, moi, j'ai pour principe...

VALENTIN, annonçant au fond.

Madame de Surgis.

(Il disparaît après l'entrée de madame de Surgis.)

BOURDET, s'empressant.

Ah! Madame de Surgis!...

CÉCILE.

Ma marraine!...

SCÈNE III

LES MÊMES, MADAME DE SURGIS.

MADAME DE SURGIS *, entrant par le fond à droite.

Bonsoir, Bourdet; bonsoir, chère petite...

(Elle embrasse Cécile.)

* Bourdet, madame de Surgis, Cécile.

CÉCILE.

Qu'il est aimable à vous d'être venue de bonne heure!

BOURDET.

Vous vous êtes toujours bien portée, madame?

MADAME DE SURGIS.

Pas mal! merci... à la migraine près... Je suis si nerveuse!... Vous permettez que je me débarrasse?

(Elle retire son burnous.)

BOURDET.

Comment donc!

(Il lui prend son burnous et le met sur le dos du canapé.)

CÉCILE, montrant un objet enveloppé que tient madame de Surgis.

Qu'est-ce que cela?

MADAME DE SURGIS.

Oh! rien; une bagatelle que je destine à Juliette, ma fille. Je dois, demain matin, aller la voir à son couvent... Et, tout à l'heure, en passant devant Tempier, j'ai fait arrêter ma voiture et je me suis fait apporter un jouet pour cette chère enfant.

(Elle développe le paquet.)

CÉCILE.

Comment! une poupée?

BOURDET, la prenant.

Fort jolie, ma foi!... On perfectionne aujourd'hui la main-d'œuvre à un point...

(Il va poser la poupée sur le guéridon.)

CÉCILE.

Juliette joue encore à la poupée?

BOURDET.

A douze ans?

MADAME DE SURGIS.

Douze ans! mais non... elle n'en a que huit.

BOURDET.

Ah pardon! je croyais... (Il sourit; à part.) Ah! oui!...

MADAME DE SURGIS, soupirant.

Mon Dieu, oui, j'ai déjà une grande fille de huit ans... Je me suis mariée si jeune!... si jeune!

BOURDET.

Ça s'explique.

CÉCILE.

Oh! moi! je n'ai jamais aimé les poupées, n'est-ce pas, papa?

BOURDET.

C'est vrai, tu as toujours préféré .. les ménages.

CÉCILE.

J'ai pour principe qu'une jeune fille doit étudier de bonne heure le côté sérieux de la vie.

(Bourdet remonte dans le second salon.)

MADAME DE SURGIS, prenant la main de Cécile.

Eh bien! ma chère Cécile, tu dois être satisfaite... C'est ce soir qu'on signe ton contrat.

(Elle va s'asseoir sur le canapé avec Cécile.)

CÉCILE *.

Dame, à mon âge, il est temps, je crois.

MADAME DE SURGIS.

Moi, depuis mon veuvage, on me tourmente pour me remarier... mais j'hésite... le choix d'un mari est si difficile! Rien ne presse, d'ailleurs... J'ai le temps d'attendre... Est-ce que ton prétendu n'est pas ici?

(Bourdet redescend.)

CÉCILE.

Pas encore! c'est même montrer assez peu d'empressement. Oh! les jeunes gens d'aujourd'hui sont étonnants!

BOURDET, redescendant.

En effet, et je commence à m'étonner...

ANDRÉ, en dehors.

Au petit salon, très-bien!

BOURDET.

Ah! c'est lui!

CÉCILE.

C'est heureux!

SCÈNE IV

LES MÊMES, ANDRÉ, puis VALENTIN, et successivement GAUTROT, OSCAR DE LA FAYOLLE, PAILLERET et enfin TAUPIER.

BOURDET **, à André qui entre par le fond, à droite.

Eh! arrive donc!... tu te fais bien désirer!

* Madame de Surgis, Cécile, Bourdet.

** Madame de Surgis, Cécile, André, Bourdet.

MADAME DE SURGIS.

On vous attendait avec impatience.

ANDRÉ, saluant.

Madame!

CÉCILE, d'un ton de reproche.

Enfin vous voilà, mon cousin!

ANDRÉ.

Pardon, chère Cécile! Pardon, mon oncle... mais il m'a été impossible d'être libre plus tôt... Quelques amis se sont emparés de moi...

BOURDET.

Ces jeunes gens que j'ai vus à ton atelier?...

ANDRÉ.

A table, naturellement, nous avons causé de mon mariage..

BOURDET.

De ton bonheur!...

ANDRÉ.

De mon bonheur... oui... c'est ce que je voulais dire... et malgré moi, je me suis un peu oublié.

BOURDET.

Je comprends!

MADAME DE SURGIS, à Cécile.

Ah! s'il parlait de toi, c'est une excuse...

BOURDET.

Ah çà! et ces messieurs? tu ne les as pas amenés?

ANDRÉ, remontant.

Si fait, mon oncle, ils me suivent...

CÉCILE.

Quels messieurs?

BOURDET *, allant à Cécile.

Des amis de ton cousin que j'ai invités. Nous manquions de danseurs.

ANDRÉ, regardant au fond, à droite.

Et tenez... justement...

VALENTIN, venant du fond, à droite, et annonçant.

M. Gautrot. — M. Pailleret.

BOURDET.

Ah!

* Madame de Surgis, Cécile, Bourdet, André.

VALENTIN, de même.

M. Oscar de la Fayolle.

(Il disparaît après l'entrée des jeunes gens.)

BOURDET, à Cécile.

Celui-là, tu le connais.

CÉCILE, bas.

Oui, ce jeune homme qui vous a demandé ma main...

BOURDET, bas.

Que je lui ai refusée. (Aux jeunes gens qui entrent par le fond, à droite, et qui s'approchent en saluant.) Enchanté de vous voir, messieurs.

(Madame de Surgis et Cécile se lèvent.)

PAILLERET *, le lorgnon sur l'œil.

Comment! mais c'est nous qui sommes très-heureux...

GAUTROT.

Très-flattés que vous ayiez bien voulu nous admettre à...

BOURDET, modestement.

Oh! une petite fête de famille! Un bal bourgeois! Vous le savez, je ne suis qu'un marchand... Mais, pardon! j'oublie de... (Présentant Cécile.) Ma fille, messieurs!...

LES TROIS JEUNES GENS **, saluant.

Mademoiselle...

CÉCILE.

Je suis charmée, messieurs, que vous ayez accepté l'invitation de mon père.

PAILLERET, saluant.

Trop bonne en vérité. (Allant à André, bas.) Mon compliment, cher!

OSCAR ***, bas à Gautrot.

Mariage de convenance! je suis sûr qu'au fond elle me regrette.

BOURDET, aux jeunes gens.

Madame de Surgis, sa marraine! (Les jeunes gens saluent.) veuve d'un officier supérieur.

GAUTROT ****, s'approchant.

Le colonel de Surgis! J'ai failli avoir une rencontre avec lui.

* Madame de Surgis, Cécile, André, Bourdet, Gautrot, Pailleret, Oscar.
** Madame de Surgis, Cécile, Bourdet, André, Gautrot, Pailleret, Oscar.
*** Madame de Surgis, Cécile, Bourdet, André, Pailleret, Gautrot, Oscar.
**** Madame de Surgis, Cécile, Bourdet, André, Gautrot, Pailleret, Oscar.

TOUS.

Un duel !...

MADAME DE SURGIS.

Avec mon mari ! vous, monsieur?

GAUTROT.

Heureusement, madame, l'affaire s'est arrangée.

(Gautrot passe près des dames derrière le canapé. — Madame de Surgis et Cécile se rasseyent.)

PAILLERET *.

Un brave militaire!... On parlait précisément de lui, il y a quelques jours, chez le ministre.

ANDRÉ.

Tu es reçu chez le ministre?

PAILLERET.

Je n'ai pas manqué un seul de ses mercredis... il m'en voudrait à la mort.

BOURDET, à part.

Peste! mon neveu a de belles connaissances!

VALENTIN, annonçant du fond, à droite.

M. Marius Taupier !

(Il sort après l'entrée de Taupier.)

BOURDET, aux dames.

Ah! encore un ami d'André. (Allant au-devant de Taupier qui entre par le fond à droite.) Enchanté de...

(Il retourne près de Cécile.)

TAUPIER **, en habit noir entièrement boutonné, cheveux aussi longs qu'au premier acte.

Monsieur et mesdames, je vous salue. (Serrant la main d'André.) Bonsoir, toi.

CÉCILE, surprise à la vue de Taupier.

Ah ! mon Dieu !

MADAME DE SURGIS, de même et bas.

Qu'est-ce que c'est que ce monsieur-là ?

BOURDET, bas.

Un sculpteur, un grand sculpteur! il a le cheveu du génie!

MADAME DE SURGIS, bas.

Est-ce qu'il vient du Brésil?

BOURDET, ne comprenant pas.

Du Brésil?... Je ne sais pas...

* Madame de Surgis, Cécile, Gautrot, Bourdet, André, Pailleret, Oscar.

** Madame de Surgis, Cécile, Bourdet, Gautrot, *au deuxième plan;* Taupier, André, Pailleret, Oscar.

ANDRÉ, présentant Taupier.

Mon ami Taupier, un des plus chauds défenseurs de l'art!

TAUPIER.

Oh! l'art!... ne parlons pas de ça! L'art est mort.

MADAME DE SURGIS.

Comment!

TAUPIER *, passant près de Bourdet.

Je le disais absolument, ce matin encore : on ne fait plus que du métier! Du modelé, des bonshommes de chic!... Pas d'œuvres magistrales!... pas de style... rien d'un peu carré, de rudement senti... qui ait un côté... Comme Michel-Ange, on n'entre pas dans la peau du bonhomme. L'art est mort, quoi! l'art est mort!

(Il passe la main dans ses cheveux et va s'accouder sur la cheminée. — Gautrot va près de lui.)

CÉCILE, bas.

Singulier langage!

MADAME DE SURGIS, bas.

On n'y comprend rien.

BOURDET, de même.

C'est un garçon de talent. Voyez ses cheveux!...

VALENTIN **, revenant par le fond à droite et s'approchant de Bourdet.

Monsieur!...

BOURDET.

Quoi?

(André et Oscar s'asseyent à droite.)

VALENTIN ***.

Je venais prévenir monsieur qu'il y a plusieurs personnes au salon.

BOURDET.

Ah! Eh bien! pourquoi ne danse-t-on pas? Est-ce que les musiciens ne sont pas là?

VALENTIN.

Pardon! mais l'accompagnateur, le pianiste, n'est pas arrivé.

* Madame de Surgis, Cécile, Bourdet, Taupier, Gautrot, André, Pailleret, Oscar.

** Taupier, Gautrot, *à la cheminée;* madame de Surgis, Cécile, Bourdet, Valentin, André, Pailleret, Oscar.

*** Taupier, Gautrot, madame de Surgis, Cécile, Bourdet, Valentin, Pailleret, André, Oscar.

BOURDET, avec agitation.

Comment! M. Giraud? A neuf heures passées!... Et il n'a rien fait dire?

VALENTIN.

Non, monsieur. Ça me rappelle que quand j'étais chez le comte de Livry...

BOURDET, l'interrompant.

C'est bien! c'est bien! il faut envoyer... On ne peut pas danser sans piano... Offrez du punch à ces messieurs.

(Valentin sort par le fond à droite.)

OSCAR *, bas à André.

Dites donc, ça tient toujours?

ANDRÉ.

Quoi?

OSCAR, bas.

Nos conventions au sujet de Mad...

ANDRÉ, bas, l'interrompant avec impatience et se levant.

Eh oui! taisez-vous donc!

(Il passe près de Cécile. — Oscar se lève.)

CÉCILE **.

A quoi pensez-vous donc, mon cousin? vous paraissez préoccupé!

BOURDET.

C'est vrai! tu sembles tout...

ANDRÉ.

Moi! nullement! je suis très-gai, très-heureux...

BOURDET.

Passons au salon... André, donne la main à ta cousine. (A madame de Surgis en lui présentant le bras.) Madame.. (A part.) Pas de pianiste!... Comme c'est contrariant!

(Il sort par le fond à gauche avec madame de Surgis. — André les suit, en donnant la main à Cécile. — Valentin rentre par le fond à droite avec un plateau. — Taupier et Gautrot quittent la cheminée.)

* Taupier, Gautrot, madame de Surgis, Cécile, Bourdet, Pailleret, André, Oscar.

** Taupier, Gautrot, madame de Surgis, Cécile, André, Pailleret, Oscar.

SCÈNE V

GAUTROT, TAUPIER, VALENTIN, PAILLERET, OSCAR.

OSCAR.

Allons, messieurs, un verre de punch.

LES AUTRES.

Volontiers!

(Ils prennent des verres sur le plateau.)

GAUTROT.

Il paraît que décidément André épouse...

PAILLERET.

C'est un garçon positif.

TAUPIER.

Un homme fort! Il est dans le vrai!

GAUTROT.

Un beau mariage qu'il fait là...

PAILLERET, à Oscar.

Et qu'il vous souffle, dites-donc, Oscar!

OSCAR.

Oh! moi, ça m'est égal... Je ne suis pas embarrassé pour... Ce punch est excellent!

TAUPIER, prenant un autre verre.

Pas mauvais! mais franchement j'aimerais mieux un bock.

PAILLERET.

Un bock! ah! fi donc!

(Ils boivent.)

VALENTIN, à part.

Comme ils avalent, ces bourgeois!

PAILLERET.

Ma foi, très-cher, je ne regrette pas ma soirée.

GAUTROT.

Ni moi.

(Ils remettent leurs verres sur le plateau.)

TAUPIER *, prenant un troisième verre.

Moi, je n'aime pas le monde, je n'y vais pas.

GAUTROT, s'asseyant sur le canapé.

Pourquoi?

(Pailleret va s'asseoir à droite.)

* Gautrot, Taupier, Valentin, Oscar, Pailleret.

TAUPIER.

Parce qu'il faudrait avoir un habit noir.

PAILLERET, étonné.

Pourquoi n'avez-vous pas d'habit noir?

TAUPIER.

Parce qu'il faudrait aller dans le monde. (Il avale le punch d'un seul trait et remet son verre sur le plateau. A Valentin :) Tiens, mon vieux!

VALENTIN, étonné, à part.

Mon vieux! (Avec mépris.) Cet homme sent la pipe.

(Il sort par la droite.)

GAUTROT *, se levant et passant près d'Oscar.

Ah çà! si nous allions rejoindre la compagnie?

OSCAR.

Oui! il doit y avoir des conquêtes à faire... J'ai déjà vu des épaules splendides... Venez-vous, messieurs? viens-tu, Pailleret?

PAILLERET, se levant.

Un moment! Je viens de maculer mes gants avec ce diable de punch. Il faut d'abord que j'en change.

GAUTROT.

Ah! quel dandysme!

TAUPIER.

Changer de gants! quel luxe!

OSCAR.

C'est Georges Brummel en personne!

(Ils sortent en riant par le fond à gauche.)

SCÈNE VI

PAILLERET, puis ROLAND.

PAILLERET, après avoir regardé autour de lui, allant s'asseoir sur le canapé.

Seul! vite! ma gomme!...

(Il tire un morceau de gomme élastique de sa poche et se met à frotter ses gants.)

ROLAND **, entrant par le fond à droite et à part.

Déjà foule là dedans! Impossible de... (Apercevant Pailleret.) Pailleret!

(Il s'arrête.)

* Taupier, Gautrot, Oscar, Pailleret.

** Pailleret, Roland.

PAILLERET, à part.

Des gants que je n'ai pourtant mis que deux fois... Je les croyais plus frais.

ROLAND, à part.

Que diable fait-il donc! (Il s'approche sur la pointe des pieds et pousse tout à coup un éclat de rire.) Ah! ah! ah!

PAILLERET, décontenancé, se levant.

Hein? Roland!

ROLAND.

Pincé! mon cher, pincé!

PAILLERET, fourrant la gomme élastique dans sa poche.

Moi! comment! mais...

ROLAND.

Ah! ah! l'homme aux trois paires de gants!

PAILLERET.

Oui, j'avais oublié d'en prendre en sortant, et ma foi... je...

ROLAND.

Bien, bien! je connais la recette. Je l'ai pratiquée quelquefois... dans les moments de crise financière... Les œuvres de Jouvin, revues et corrigées...

PAILLERET.

Oh! mon Dieu! c'est la première fois que... Mais pardon, on m'attend pour une valse.

ROLAND.

Va, va, ne te gêne pas.

PAILLERET.

Au revoir, cher, au revoir! (A part.) Que le diable l'emporte!

(Il sort par le fond à gauche.)

ROLAND, seul, le regardant sortir, puis s'asseyant à droite.

Le poseur à l'élégance!... Et André? Encore un poseur!... mais sa pose à celui-là est moins innocente... Sera-t-il assez vaniteux, assez fou pour sacrifier cette pauvre Madeleine?... (Se levant, remontant et regardant au fond à gauche.) Le voilà dans un coin du salon, auprès de sa cousine, une petite mijaurée qui ne vaut certes pas la centième partie de... Ah! les hommes! grands enfants qui brisent leurs joujoux... quitte à les pleurer après...

SCÈNE VII

ROLAND, MADELEINE, entrant par le fond à droite avec VALENTIN.

VALENTIN *, à Madeleine.

Restez ici un moment, mademoiselle, je vais prévenir mon maître du motif qui vous amène...

MADELEINE, qui porte des cahiers de musique.

C'est bien, merci, j'attendrai.

ROLAND **, l'apercevant et très-surpris.

Madeleine!

MADELEINE.

M. Roland!

VALENTIN, se retournant, et à part.

Tiens! il connaît la pianiste... Qu'est-ce que c'est que tous ces gens-là, mon Dieu!

(Il sort par la gauche.)

MADELEINE, à Roland.

Comment, vous ici, à ce bal?

ROLAND.

Oui, je suis invité... Mais vous, vous, qui vous amène dans cette maison?

MADELEINE.

Oh, moi! c'est un hasard.

ROLAND.

Un hasard! comment ça?

MADELEINE.

Il y a une heure, j'étais bien tranquillement à étudier dans ma petite chambre et ne pensant guère à passer la nuit dans un bal, lorsqu'on est venu me trouver de la part de M. Giraud... vous savez, mon ancien maître de piano...

ROLAND.

Oui, un brave garçon, un talent!... Eh bien?

MADELEINE.

Eh bien, il se trouvait subitement indisposé et dans l'impossibilité de se rendre à une soirée où il était attendu. Alors, il avait pensé à moi pour le...

* Valentin, Madeleine, Roland.

** Madeleine, Roland.

ROLAND.

Le remplacer ?

MADELEINE.

Sans doute ! au piano ! ma foi j'ai accepté... J'ai pris l'adresse qu'on m'apportait et me voilà ! (Gaiement.) Je viens faire danser.

ROLAND, stupéfait.

Faire danser !... (A part.) Elle va faire danser son...

MADELEINE.

Ecoutez donc ! pour moi, modeste professeur à cinquante sous le cachet, quarante francs à gagner en jouant quelques contredanses, c'est une bonne aubaine.

ROLAND, à part.

Pauvre fille !... Et elle a passé la nuit dernière à copier de la musique !

MADELEINE.

Voilà le 8 qui approche...

ROLAND.

Le 8 avril ! échéance fatale !

MADELEINE, souriant.

Que je ne voyais pas, je vous l'avoue, arriver sans frayeur !... Cette somme m'aidera à payer mon terme.

ROLAND.

Comment, est-ce qu'André ?...

MADELEINE.

André ?...

ROLAND.

Il est riche, il gagne de l'argent.

MADELEINE.

Ah ! mon ami, vous me connaissez mal ! Vous savez bien que j'ai un grand défaut : je suis fière.

ROLAND.

Comme une Romaine !

MADELEINE.

Si le travail est une grande chose, c'est qu'il donne l'indépendance. Quand je tends la main à André, ce n'est que pour serrer la sienne ! La fatigue peut quelquefois pâlir mon visage et André me trouver moins jolie ; mais je suis libre comme lui... et quand je lui dis : « Je vous aime ! » il n'a pas le droit de douter de mon amour.

ROLAND, lui tendant la main

Bien, ma fille, très-bien! Oh! ces Italiennes, quels cœurs d'or! (Madeleine remonte et regarde l'appartement.) Ce n'est pas comme mademoiselle Loulou, qui me demandait sans cesse des bottines. (A part.) Et André renoncerait à un pareil trésor! Que faire? Elle ne peut rester. Un mot, la présence d'André suffisent pour tout lui apprendre...

(En disant cela il a passé à gauche.)

MADELEINE *, redescendant à droite.

Mais qu'avez-vous donc? vous paraissez contrarié.

ROLAND.

Contrarié! Eh bien, oui!... Contrarié de vous voir ici.

MADELEINE.

Moi? et pourquoi donc?

ROLAND.

Pourquoi? pourquoi? (A part.) Je ne sais que lui dire! (Haut.) Vous fatiguer! Veiller jusqu'à trois ou quatre heures du matin quand déjà vous avez passé la nuit dernière!

MADELEINE.

Tiens! vous savez ça?

ROLAND.

Certainement, je le sais, j'ai vu chez vous de la lumière. Ça n'est pas raisonnable. Vous vous tuerez... vous tomberez malade.

MADELEINE.

Malade!... Allons donc! je suis forte!

ROLAND.

Ça n'est pas une raison! Moi aussi, je suis fort... je suis très-fort, mais j'ai besoin de dormir. Et d'ailleurs, André, que pensera-t-il en apprenant votre absence?

MADELEINE.

Oh! ne craignez rien!... J'ai laissé un mot pour lui chez le concierge.

ROLAND.

M. Caboulot! belle caution! Ah! je connais sa manière de remettre les lettres!

MADELEINE.

Mais enfin...

* Roland, Madeleine.

ROLAND.

Enfin, enfin... il faut vous en aller.

MADELEINE.

M'en aller! quand je viens de faire avertir...

ROLAND.

Oui, puisqu'il faut vous l'avouer, sachez donc que cette maison...

MADELEINE.

Eh bien! cette maison?...

ROLAND, à part.

Bah! calomnions le cotonnier! (Haut.) Cette maison n'est pas convenable.

MADELEINE.

Comment! mais on m'avait dit...

ROLAND.

Vous êtes chez un vieux garçon, un viveur... qui ne reçoit que des femmes légères... des jeunes premières de l'Hippodrome... des femmes qui passent à travers des tuyaux de pipe... hop là, hop!

MADELEINE.

Ah! mon Dieu!

ROLAND.

On dansera des cotillons dédiés à l'indépendance. A deux heures on vous demandera le quadrille d'*Orphée aux enfers*... (Chantant le motif de la bacchanale.) Pan, pan, pan, pan, pan!

MADELEINE.

Que dites-vous?

ROLAND.

Les dames feront le cavalier seul, comme les Arabes du Cirque-Olympique... Voilà où vous êtes, mademoiselle, voilà où vous êtes...

MADELEINE.

Oh! mais alors, je m'en vais, je m'en vais!

(Elle remonte.)

ROLAND.

C'est ça, partez! (A part.) Sauvé!

SCÈNE VIII

LES MÊMES, BOURDET.

BOURDET *, entrant par le fond, à gauche, et courant à Madeleine qui s'apprête à sortir.

Ah! mademoiselle, vous voilà!

ROLAND, à part.

Hagne!

BOURDET.

Mon domestique m'a tout appris... vous venez pour remplacer M. Giraud.

MADELEINE, hésitant.

Monsieur! (A part.) Il a l'air très-respectable.

BOURDET.

Avez-vous apporté des quadrilles, des polkas?

MADELEINE, embarrassée.

Sans doute... j'avais pris de la musique, mais...

BOURDET.

Parfait!... (Apercevant Roland et lui donnant la main.) Ah!... bonjour, Roland. (A Madeleine.) Votre arrivée me tire d'un cruel embarras... Car c'est un grand jour pour moi...

ROLAND, à part.

Hagne! Hagne!

BOURDET.

Nous signons ce soir le contrat de ma fille.

(Il remonte.)

MADELEINE, étonnée.

De sa fille?

ROLAND, à part.

Patatras!

MADELEINE, à part.

Un contrat! un mariage! (Allant à Roland, bas.) Que me disiez-vous donc?

ROLAND **, à part.

Je suis pris!

* Roland, Bourdet, Madeleine.

** Roland, Madeleine, Bourdet.

BOURDET, redescendant.

Venez, mademoiselle, venez vite... On attend avec impatience le signal pour danser...

MADELEINE.

Oui, monsieur, oui, je vous suis... (A part.) Mais que me disait donc Roland ?...

BOURDET, entraînant Madeleine.

Venez... venez donc !...

(Il sort avec elle par le fond à gauche.

SCÈNE IX

ROLAND, puis CÉCILE.

ROLAND, seul.

Saperlotte ! que va-t-il arriver ?... La vérité va se découvrir... Et alors, quel chagrin pour la pauvre fille !... Quelqu'un !... (Voyant Cécile qui entre par le fond à gauche.) C'est la future ! la fée Pimbêche !

CÉCILE *, parlant à un jeune homme qui est censé l'inviter.

Non, non, merci, je ne danse pas.

(Le jeune homme s'éloigne par le fond à gauche. Cécile entre. — On entend une musique de quadrille.)

ROLAND **.

Ah ! vous ne dansez pas, mademoiselle ?...

CÉCILE, hésitant.

Monsieur... monsieur Roland, je crois ?... Pardon, je ne vous reconnaissais pas d'abord .. Vous êtes si engraissé !

(Elle va à la cheminée et arrange sa coiffure devant la glace.)

ROLAND, vexé.

Ah ! (A part.) Cette petite m'est antipathique.

CÉCILE, d'un ton pédant.

Tous ces jeunes gens, avec leurs invitations, sont insupportables. La danse m'a toujours semblé une distraction puérile... presque ridicule ! C'est bon pour les enfants.

ROLAND.

Alors, qu'est-ce que vous faites donc au bal ?

* Un jeune homme, Cécile, Roland.

** Cécile, Roland.

CÉCILE, redescendant et allant s'asseoir sur le canapé.

Moi ? mais ce que fait toute personne sensée... Je cause, je regarde, j'observe... Mais danser, c'est insipide, n'est-ce pas votre avis ?

ROLAND, à part.

Comme l'a dit un philosophe, il n'y a pas de petites filles. Les petites filles sont des femmes moins grandes que les autres.

CÉCILE.

En ce moment, surtout, à la veille de me marier...

ROLAND.

Vous marier ! Ah ! oui, vous vous mariez !

CÉCILE, très-maniérée.

Que de graves réflexions à faire !... D'abord, je veux un coupé... Oh ! j'y tiens... Presque toutes mes amies en ont... avec deux chevaux pour la voiture, et un autre pour la promenade... c'est de rigueur !... Ensuite, un bel appartement sur les boulevards... pas trop haut... dans le prix de 6 ou 8,000 fr... On ne peut pas se loger à moins... il faut évidemment recevoir... bien que j'aie cela en haine... Mais on est du monde, n'est-il pas vrai ? on ne s'appartient pas. Quelle fatigue !... ajoutez à cela les Italiens, l'Opéra... des dîners qu'il faut rendre... Oh ! c'est odieux, c'est odieux !

(Elle se lève et passe à droite.)

ROLAND *, qui s'est approché du guéridon, prenant la poupée.

C'est à vous, cette poupée-là ?

CÉCILE.

A moi ! par exemple ! vous voulez plaisanter, je suppose ?

ROLAND.

C'est juste !... Je plaisantais ! vous êtes une personne raisonnable, vous ?

CÉCILE.

Oui, monsieur, je le crois.

ROLAND.

Vous ne jouez plus à la poupée, vous ?

CÉCILE.

Non, monsieur, non certainement.

ROLAND.

Eh bien, moi, j'y joue, mademoiselle.

* Roland, Cécile.

CÉCILE.

Vous ?

ROLAND, s'asseyant sur le canapé et parlant à la poupée qu'il tient sur ses genoux.

Qu'est-ce que c'est, mademoiselle? des cachemires, des diamants, des robes à falbalas ?... Vous êtes folle apparemment !

CÉCILE.

Monsieur !

ROLAND.

Je parle à la poupée, mademoiselle. (A la poupée.) Hein ? qu'est-ce que vous dites ? que vous voulez vous marier ? Vous marier !... pour faire la grande dame, n'est-ce pas ?

CÉCILE.

Mais, monsieur...

ROLAND.

Pardon, mademoiselle, je parle toujours à la poupée. (Cécile s'assied à droite. — A la poupée.) Savez-vous seulement quels devoirs le mariage impose ? Êtes-vous capable d'assurer le bonheur d'un époux ?... Voyons, répondez ! Non, vous vous taisez ! vous voilà toute confuse... vous ne songez qu'à briller !... Il vous faut des loyers de 8,000 francs !... 3,000, mademoiselle... 3,000 !... Qu'est-ce que c'est?... on fait la grimace?... retournez en pension, mademoiselle... (Se levant.) En pension, petite fille! .. et plus vite que ça !...

(Il remet la poupée sur le guéridon.)

CÉCILE, suffoquant de colère et se levant.

Monsieur, si c'est pour moi que vous parliez, si c'est une leçon que vous prétendiez me donner...

ROLAND.

Ne vous en donnait-on pas encore hier... au couvent? (Avec douceur à Cécile, qui mord son mouchoir pour ne pas pleurer.) Je vous ai fait de la peine, mon enfant, pardonnez-moi ! Mais pourquoi vous vieillir ainsi ? Soyez jeune, rieuse, un peu folle, même. Soyez de votre âge enfin. Hélas! on n'a seize ans que pendant une année ! On arrive si vite à vingt-huit. Il est vrai que lorsqu'on a vingt-huit ans, on reste dessus jusqu'à quarante !

CÉCILE.

Oh! je vois bien que mon mariage n'est pas de votre goût!.. mais il se fera, monsieur, je vous en préviens... Oui, il se fera! je me marierai, quand ce ne serait que pour vous contrarier.

SCÈNE X

LES MÊMES, ANDRÉ, entrant par la gauche, très-agité, puis OSCAR.

ANDRÉ *, à Roland.

Ah! mon ami! c'est toi?

ROLAND.

André!

CÉCILE.

Qu'y a-t-il, mon cousin? cette agitation...

ANDRÉ.

Ce n'est rien... quelques mots seulement à dire à Roland.

ROLAND.

A moi?

CÉCILE **, remontant.

Des secrets?... je me retire.

(On entend la musique de bal jouer une valse.)

OSCAR ***, accourant par le fond, à gauche.

Mademoiselle, vous m'avez promis cette valse, et je viens ..

CÉCILE, minaudant.

Valser! oh! monsieur de la Fayolle, rendez-moi ma promesse... Faites danser les jeunes filles!

OSCAR.

Jamais, mademoiselle; j'exige ma valse. (A part.) Au fond, elle m'adore.

CÉCILE.

Allons, puisqu'il le faut absolument, valsons! (A part, avant de sortir.) Ce monsieur Roland! c'est très-inconvenant ce qu'il a dit là!... me prendre pour une petite fille!

(Elle abandonne sa main à Oscar et sort avec lui par le fond à gauche.)

SCÈNE XI

ROLAND, ANDRÉ, puis OSCAR.

ROLAND.

Eh bien! voyons! qu'est-il arrivé?

* Roland, André, Cécile.
** Roland, Cécile, André.
*** Roland, Cécile, Oscar, André.

ANDRÉ, se rapprochant.

Elle est ici!

ROLAND.

Madeleine? Parbleu, je le sais bien!

(Il passe à droite.)

ANDRÉ *.

En la voyant entrer tout-à-l'heure avec mon oncle, je me suis jeté dans une chambre voisine... où je suis resté près d'une table de wisth...

ROLAND.

Elle ne t'a pas vu?

ANDRÉ.

Non. Mais qu'importe! Un éclat est immanquable!... Il est clair qu'elle vient pour rompre mon mariage.

ROLAND.

Eh non! la pauvre enfant n'y pense seulement pas.

ANDRÉ.

Comment?...

ROLAND.

Elle vient pour faire danser, pour gagner deux louis.

ANDRÉ, avec émotion.

Madeleine!

ROLAND.

Elle vient, en vaillante et honnête fille qu'elle est, sacrifier son sommeil, sa santé, pendant que tu t'occupes à la trahir.

ANDRÉ.

Mais... elle ne sait donc pas?...

ROLAND.

Elle ne sait rien encore.

ANDRÉ.

Mais cette lettre?

ROLAND.

Eh! cette lettre, je n'ai pas encore eu le courage de la lui donner. (La tirant de sa poche.) La voilà! cachetée... intacte! tu peux encore la déchirer.

ANDRÉ.

Moi?

(La valse continue dans la salle de bal. — Roland passe doucement son bras sous celui d'André.)

* André, Roland.

ROLAND, d'une voix douce et émue.

Dis donc, André, te rappelles-tu nos bons jours à Rome?... Et cette nuit que nous avons passée presque entière au Colysée... au milieu des ruines... tous les trois? Madeleine nous racontait son enfance, et comme quoi on la battait le soir quand elle rentrait, sa petite main vide... Si bien que tu t'es mis à fondre en larmes.

ANDRÉ, ému malgré lui.

Oui... je me souviens... Parbleu! une enfant de huit ans que l'on frappait...

(Il passe à droite et s'assied.)

ROLAND *, continuant son récit.

Alors, elle s'est jetée à ton cou et t'a embrassé. — «Eh bien, et moi? lui dis-je, je sanglotte aussi, est-ce qu'on ne m'embrasse pas, corpo di Bacco!» Alors elle a pris nos deux mains... chacun de nous se taisait... Madeleine était bien heureuse, car elle avait autour d'elle ces deux grandes choses qui sont la vie: l'amitié, l'amour. Elle aimait, elle était aimée, elle croyait .. Te souviens-tu de ce soir-là, André?... (Tout en parlant, il a tiré la lettre de sa poche et la tend à André ému et chancelant.) Allons, un bon mouvement! Ton devoir, ton bonheur, te fixent auprès de Madeleine.

(La musique cesse.)

ANDRÉ, ému.

Mon devoir!... mon bonheur!

ROLAND.

Certainement. Voyons, est-ce dit? déchirons-nous?

ANDRÉ, hésitant.

Mais...

ROLAND.

Eh bien?

ANDRÉ, vivement.

Tais-toi! on vient!

(Il se lève.)

OSCAR **, entrant brusquement par le fond à gauche, à André.

Ah! cher ami, vous ne savez pas? Elle est ici! au piano!

ROLAND, à part, passant à gauche.

La peste l'étouffe, celui-là!

* Roland, André.

** Oscar, Roland, André.

OSCAR *.

Quelle adorable créature! quels yeux! Parole d'honneur, j'en suis fou!

ANDRÉ, avec colère.

Vous!...

OSCAR.

Dites donc? ça tient toujours, n'est-ce pas?

ANDRÉ **, passant au milieu.

Eh! laissez-moi!..

OSCAR.

Comment? de l'humeur!... Est-ce que vous ne seriez plus décidé?... Est-ce que Pailleret aurait gagné son pari?

ANDRÉ.

Quel pari?

ROLAND, à part.

Il va tout gâter!

OSCAR.

Eh bien! Pailleret a parié cent louis avec Gautrot qu'au dernier moment vous reculeriez... On fait des poules au buffet... Les uns parient pour Gautrot, les autres pour Pailleret... C'est superbe!...

ANDRÉ.

Oui?... Eh bien, Pailleret a perdu!

OSCAR.

Vrai?...

ANDRÉ.

Je n'ai pas changé de résolution.

OSCAR.

Alors, je puis toujours faire la cour à Madeleine?

ANDRÉ, froidement.

Sans doute.... Que m'importe!...

ROLAND.

André, écoute!

ANDRÉ, avec impatience.

Ah! plus un mot... Laisse-moi!...

(Il sort par le fond à gauche.)

ROLAND ***, à part.

Le fou!... Il n'en démordra pas!...

* Roland, Oscar, André.

** Roland André, Oscar.

*** Roland, Oscar.

OSCAR, à part.

Bravo! c'est charmant!... Mais au milieu de tout ce monde, comment parler à la petite? Oh! une idée... quelque chose de Louis XV!... Vite!... Allons exécuter mon projet...

(Il sort par le fond à gauche.)

SCÈNE XII

ROLAND, puis BOURDET.

ROLAND, seul, réfléchissant.

Comment arriver à rompre ce mariage? Faire une nouvelle tentative près d'André, inutile!.. Il s'entêtera par vanité, par gloriole... Mais quel moyen employer?

BOURDET, en dehors.

Faites circuler les plateaux, les glaces!...

(Il entre par le fond à gauche.)

ROLAND, à lui-même, voyant entrer Bourdet.

Ah!... l'homme à la barre de fer.. Si j'essayais!..

BOURDET *, s'approchant et lui tendant la main.

M. Roland! Comment, vous restez seul? Vous n'entrez pas? Je comprends; vous craignez de vous ennuyer avec des bourgeois, comme vous nous appelez... Ah dame! moi je ne suis qu'un marchand!

ROLAND, à part.

Nous y voilà! (Haut.) Oh! un marchand!... Un marchand! c'est trop de modestie!

BOURDET.

Du tout! Je me rends justice, mon ami; je ne m'en fais pas accroire.

ROLAND.

Allons donc! un marchand comme vous est un industriel.

BOURDET.

Un industriel... Je le veux bien!... Va pour un industriel.

ROLAND, s'échauffant.

Et l'industrie, monsieur Bourdet! Savez-vous ce que c'est que l'industrie?

* Bourdet, Roland.

BOURDET.

Dame !... c'est... c'est...

ROLAND.

C'est la richesse et la prospérité des peuples; c'est la gloire des Etats ; c'est la grande artère sociale. Voilà ce que c'est !...

BOURDET.

Certainement! Je ne dis pas le contraire... L'industrie rend de grands services !

ROLAND.

D'immenses services!

BOURDET.

Immenses, soit!

ROLAND.

Vous êtes un homme de mérite, monsieur Bourdet! un homme remarquable !

BOURDET, *modestement.*

Oh!

ROLAND.

Remarquable, je maintiens le mot. Un homme dont sa ville natale est fière à juste titre!

BOURDET.

Comment! Que dites-vous-là ?... On parlerait de moi à Château-Thierry?...

ROLAND.

Château-Thierry vous contemple! Château-Thierry vous admire! Château-Thierry vous vote des ovations!

BOURDET.

Allons, allons! vous vous moquez!...

ROLAND.

Je ne me moque pas, et la preuve, c'est qu'il est fortement question pour vous d'une récompense.

BOURDET.

D'une récompense?...

ROLAND.

D'une distinction..., d'un honneur!

BOURDET, *très-ému.*

J'y suis! on veut m'offrir un banquet?

ROLAND.

Mieux que ça!...

BOURDET, avec une émotion croissante, et regardant sa boutonnière.

Mieux que ça ?... La... la... croix peut-être ?...

ROLAND.

Mieux encore...

BOURDET.

Ah mon Dieu !... Et quoi donc ?

ROLAND.

Y a-t-il longtemps, monsieur Bourdet, que vous êtes allé à Château-Thierry ?

BOURDET.

Oui, mon ami, fort longtemps. Le mariage de ma fille... le trousseau... mille préoccupations que vous devez comprendre...

ROLAND, avec aplomb.

Eh bien ! j'y suis allé, moi, à Château-Thierry.

BOURDET.

Bah !

ROLAND.

Il y a trois jours... le conseil municipal m'a fait demander ; il m'a parlé de vous.

BOURDET.

De moi ? oh ! il a dû vous en dire du mal. Il y a là-dedans Ducluseau qui ne m'aime pas... Poriquet non plus... parce que j'ai fait fortune... La jalousie !

ROLAND, d'une voix forte.

Ducluseau vous aime, Poriquet aussi ! Comme on se trompe ! Vous n'avez peut-être pas de plus grands amis au monde que Poriquet et Ducluseau... Ducluseau, c'est ce gaillard assez ?...

BOURDET.

Non, très-maigre... mon ami.

ROLAND.

C'est ce que je voulais dire ! il n'a pas...

BOURDET.

Oh ! il n'a pas votre embonpoint, bien certainement.

ROLAND, avec une grimace.

Oh ! non !

BOURDET, riant.

Non... ça lui est défendu.

ROLAND, à part.

Attends, attends, tu vas me le payer.

BOURDET.

Ce Ducluseau... il est bonhomme, au fond... (*Se ravisant.*) Il n'est pas sans mérite, allez, ce garçon-là. C'est sa femme qui lui fait du tort.

ROLAND.

Il vous apprécie : « Bourdet est un homme remarquable, » s'est-il écrié!...

BOURDET.

Il n'est pas sans mérite.

ROLAND.

« Messieurs, Bourdet est venu à Paris... en sabots... »

BOURDET.

Avec vingt sous...

ROLAND.

« Dans sa poche! »

BOURDET.

Dans sa poche!

ROLAND.

« Et le voilà, à l'heure qu'il est, l'industriel le plus important du deuxième arrondissement! »

BOURDET.

Mais, dame!...

ROLAND, *changeant de ton.*

Il faut vous dire que Château-Thierry est bien changé!

BOURDET.

Ah! tiens, tiens!

ROLAND.

Oh! vous iriez maintenant, vous ne le reconnaîtriez plus; on a tout bouleversé!... Pour faire une place, on a démoli une quarantaine de maisons... une place publique qui est d'un nu, du reste... On avait pensé d'abord à y mettre un petit obélisque.

BOURDET.

Ah! un obélisque, c'est bien coûteux... rien que le transport déjà, c'est effrayant!

ROLAND.

C'est ce que Poriquet leur a dit.

BOURDET, *riant.*

Ah! Poriquet a pris la parole? Oh! j'aurais voulu être là!

ROLAND.

Il leur a dit : « Ne mettez donc pas d'obélisque... D'abord, avec la somme que vous avez votée, quel obélisque pouvez-vous avoir?.. Un petit obélisque... un roquet d'obélisque... Eh bien, pour avoir des obélisques comme ça, autant ne pas en avoir. Pas d'obélisques. Allons, allons, il n'en faut pas. »

BOURDET.

C'est clair, c'était stupide!

ROLAND.

Parbleu! (A part.) Il est lancé à fond de train!

BOURDET.

Du reste, j'ai toujours apprécié Poriquet... C'est le plus fort du conseil... c'est dommage qu'il s'explique difficilement... on ne sait jamais ce qu'il veut dire... Je crois même qu'il est un peu... (Il se touche le front.) Mais c'est le plus fort du conseil!...

ROLAND.

Il vous adore, il vous aime peut-être plus que Ducluseau... C'est à lui que vous devez tout, mon cher monsieur Bourdet.

BOURDET, intrigué.

Tout quoi?

ROLAND.

Prenez demain le premier express, allez le remercier, le bénir, le serrer dans vos bras.... il a entraîné les autres.

BOURDET.

Les autres! mais parlez donc, mon ami, qu'y a-t-il? que se passe-t-il?

ROLAND.

Comment! vous ne devinez pas?

BOURDET, tremblant.

Non... non... j'avoue que...

ROLAND.

Eh bien, le conseil municipal de Château-Thierry....

BOURDET, haletant.

Le conseil municipal?...

ROLAND.

A résolu....

BOURDET.

A résolu?...

ROLAND.

De vous élever...

BOURDET.

De m'élever?...

ROLAND.

De vous élever... une statue!

BOURDET, chancelant.

Une... une statue!...

ROLAND, le soutenant.

Du calme! Soyez homme, monsieur Bourdet, du calme!

(Bourdet tombe assis sur le canapé.)

BOURDET, qui ne peut plus articuler.

Une... une statue... à moi?.. une statue!.. il serait possible!

ROLAND, à part.

Ça prend.

BOURDET, se calmant un peu.

Non... non, c'est trop.... Je ne souffrirai pas...

(Il se lève.)

ROLAND.

Pourquoi donc?

BOURDET.

Ma modestie me fait un devoir...

ROLAND.

Allons donc!

BOURDET.

Certainement, je suis très-sensible... très-flatté! J'aurais accepté toute autre distinction... (Il regarde sa boutonnière.) Mais une statue, oh!

ROLAND.

Eh bien! la même ville n'en a-t-elle pas érigé une à La Fontaine?

BOURDET, avec admiration.

Oh! mon ami, La Fontaine! La Fontaine était un écrivain... comme on en voit peu... permettez-moi de le dire.

ROLAND.

N'avez-vous pas fait une brochure?

BOURDET.

Oui... ma brochure... contre l'esclavage.

ROLAND.

Un écrit de premier ordre!

BOURDET.

Hein?...

ROLAND, *plus fort.*

Un écrit de premier ordre!...

BOURDET, *avec modestie.*

Oh!... (*Avec conviction.*) Il y a du bon, je crois... J'ai dit des choses assez fortes au Canada.

ROLAND.

Ah! vous ne les lui avez pas mâchées.

BOURDET.

Non... Ah! vous avez remarqué?... (*Changeant de ton.*) Mais ce n'est qu'une brochure... tandis que La Fontaine...

ROLAND.

Eh bien, quoi? La Fontaine, qu'a-t-il fait, après tout, des fables?

BOURDET.

Des fables admirables! *La Cigale et la fourmi... Le Renard et le corbeau... Le Lapin et la sarcelle!*

ROLAND.

Non, pas celle-là... c'est d'un autre... Vous confondez, monsieur Bourdet.

BOURDET.

C'est juste! Je confonds avec les *Deux pigeons,* un immortel chef-d'œuvre!

ROLAND.

Les *Deux pigeons*? vous croyez?

BOURDET.

Oh! une grâce...

ROLAND.

Voyons, monsieur Bourdet, ne nous laissons pas entraîner par cet enthousiasme ponsif... Examinons un peu froidement... Remarquez que je n'en veux nullement à La Fontaine... il ne m'a jamais rien fait... seulement, examinons.

BOURDET.

Oui, allez... vous verrez quel homme!

ROLAND.

Analysons les *Deux pigeons*... Nous disons donc : un pigeon s'ennuie, il s'en va... Il pleut, il est mouillé! La belle affaire, quand il pleut, tout le monde est mouillé, monsieur Bourdet.

BOURDET.

Naturellement. — Moi, tout le premier, qui oublie toujours mon parapluie.

ROLAND.

Passe un enfant... avec sa fronde...

BOURDET, *déclamant.*

Cet âge est sans pitié.

ROLAND.

Le pigeon a une aile cassée. Il revient, voilà tout. Un pigeon, qu'est-ce que c'est, après tout? Un oiseau qui coûte trente sous...

BOURDET.

Et encore, il faut qu'il soit beau!

ROLAND.

Un pigeon trente sous, deux pigeons trois francs!

BOURDET, *ébranlé.*

C'est vrai! mais quel charme dans le style!

(Déclamant) :

Nos deux amis, libres, heureux,
Aimèrent d'autant plus la vie,
Qu'ils se la devaient tous les deux.

ROLAND.

Non, non, vous retombez dans le lapin, monsieur Bourdet.. Nous causons pigeons dans ce moment-ci... Si vous voulez causer lapin, je veux bien, mais...

BOURDET, *vivement.*

Non, je me trompais... Mais c'est égal, la poésie, c'est sublime.

ROLAND.

Moins que l'industrie...

BOURDET, *avec force.*

Peut-être!

ROLAND.

L'industrie, cette grande artère sociale... Et un industriel comme vous, à qui l'on décernait les honneurs du marbre, pouvait arriver à tout. Vous refusez, n'en parlons plus. C'était la députation pour vous, un portefeuille peut être. Est-ce qu'on sait où l'on va quand on est lancé!

BOURDET.

Un portefeuille?

ROLAND, *jouant l'homme vexé.*

Quel avenir pour votre famille!... Vous refusez! n'en parlons plus... Ministre de l'agriculture... du commerce. Moi, là-dedans, je ne perds qu'une dizaine de mille francs, j'en avais besoin. . C'est mal, M. Bourdet, c'est mal, je n'aurais jamais cru...

BOURDET.

Comment! cette statue...

ROLAND.

Elle m'était commandée... Enfin, puisque...

BOURDET.

Comment, vous perdriez... à cause de ma modestie... (Épanoui.) Ah! mon cher Roland... il fallait donc... (Lui serrant la main.) J'accepte, mon bon ami, j'accepte.

ROLAND.

Ah! excellent monsieur Bourdet!

(Il le serre dans ses bras.)

BOURDET*, laissant éclater son orgueil et passant à droite.

Et puis, après tout, pourquoi donc n'aurais-je pas?... M. La Fontaine a bien la sienne... Je me suis fait moi-même, et je vois au pinacle des gens qui ne me valent pas, nom d'un petit bonhomme!... Je suis fils de mes œuvres!...

ROLAND.

Sublime! La pose y est!... Ne bougez pas... l'attitude noble et fière, le regard inspiré!

BOURDET, prenant une pose.

Comme ceci?

ROLAND.

Parfait, la main gauche appuyée...

BOURDET.

Sur une balle de coton... (Il appuie la main sur le bras d'un fauteuil). De l'autre, tenant...

ROLAND.

Vos sabots.

BOURDET.

Hein?

ROLAND.

Vos sabots!

BOURDET.

Oh! des sabots à la main! Non, une brochure, plutôt.

ROLAND.

Votre brochure contre l'esclavage.

BOURDET.

Oui... et mes sabots...

ROLAND.

A vos pieds!

BOURDET.

Hein?...

ROLAND.

A vos pieds!

BOURDET, réfléchissant.

Après ça, des sabots à une statue...! Hum!... ce n'est guère... Et puis, est-il bien nécessaire de rappeler?...

ROLAND.

Vous avez raison... pas de sabots!

BOURDET.

Pas de sabots!

ROLAND.

Des bottes!...

BOURDET.

Des bottes... vernies!...

ROLAND.

Des bottes vernies, c'est cela! (Regardant autour de lui.) Ah! si j'avais un crayon, un bout de papier pour faire une esquisse...

BOURDET, sans bouger.

Vous devriez toujours avoir ça sur vous... (Montrant la gauche.) Dans mon cabinet.

ROLAND.

Bravo! ne bougez pas!... la pose est excellente!

BOURDET.

Oui... on m'a souvent dit que je posais assez bien.

ROLAND, à part.

Ça y est! il a mordu!

(Il sort par la gauche.)

SCÈNE XIII

BOURDET, puis VALENTIN.

BOURDET, sans quitter la pose et raide comme un piquet.

Sur le bureau vous trouverez tout ce qu'il vous faut.

VALENTIN *, entrant par le fond à droite.

Monsieur... (Étonné.) Tiens! qu'est-ce que vous faites donc là? monsieur!

* Valentin, Bourdet.

BOURDET.

Moi ? rien... je... Ah ! tiens ! C'est toi ? Que veux-tu ?

VALENTIN, à part.

Il me tutoie !... (Haut.) Monsieur, c'est le notaire qui vient d'arriver...

BOURDET.

Le notaire ?...

VALENTIN.

Sans doute! pour le contrat...

BOURDET.

Le contrat! le contrat! (A part, se promenant avec agitation.) Donner ma fille à un artiste... La fille... d'une statue! .. quand je puis devenir député, ministre. Diable! diable! ceci mérite réflexion.

VALENTIN.

Monsieur, on vous attend.

BOURDET, avec impatience.

C'est bon! j'y vais!... (A part) Quel parti prendre? C'est fort embarrassant Enfin, je tiens ma pose... c'est l'essentiel!... Pas de sabots!... des bottes vernies!

(Il sort par la droite.)

VALENTIN, seul.

Ce ton arrogant! ce tutoiement! Et cette posture! (Il imite la pose qu'avait Bourdet.) Il y a quelque chose, bien sûr. Ça me rappelle que quand j'étais chez la vicomtesse de Spurzeim...

SCÈNE XIV

OSCAR, VALENTIN, puis ROLAND, puis CÉCILE, MADAME DE SURGIS, GAUTROT, PAILLERET, TAUPIER, ANDRÉ, et TOUS LES INVITÉS.

OSCAR, entrant par le fond à gauche et à part.

C'est fait! J'ai employé mon moyen Louis XV.

ROLAND *, revenant par la gauche.

Tiens! il n'est plus là? (A Valentin.) Où donc est M. Bourdet?

VALENTIN.

En affaires avec le notaire.

(Il sort par la droite.)

* Roland, Oscar, Valentin.

ROLAND.

Le notaire?

(Madame de Surgis, Cécile et tous les invités, entrent par le fond à gauche.)

MADAME DE SURGIS, à Cécile.

Tu entends?... le notaire.

CÉCILE *.

Ah! il est donc arrivé?

MADAME DE SURGIS.

On ne tardera pas à signer le contrat.

ROLAND, à part.

J'espère bien que si.

MADAME DE SURGIS.

Ah! cela me cause une émotion... je suis si nerveuse!

(Elle s'assied à droite avec Cécile.)

GAUTROT **, bas à André qui entre par le fond à gauche avec les autres jeunes gens.

Convenez que le cœur vous bat un peu.

ANDRÉ.

A moi? nullement.

PAILLERET, bas.

Vous êtes pâle, mon cher.

ANDRÉ.

Vraiment! oh! c'est la chaleur sans doute.

(Il s'assied sur le canapé, Pailleret s'assied à côté de lui. — Les autres l'entourent.)

ROLAND ***, qui s'est approché derrière le canapé, bas à André.

Aurais-tu le courage ou plutôt la faiblesse de consommer le malheur de Madeleine et le tien?

ANDRÉ, à part.

M'exposer à leurs railleries... Non, non, c'est impossible!

GAUTROT, bas à André.

Vous ne signerez pas devant elle!

LES AUTRES JEUNES GENS, bas.

Non, non, vous ne signerez pas!

ANDRÉ, avec un effort.

Je signerai.

LES JEUNES GENS.

Ah!

* Roland, Oscar, madame de Surgis, Cécile.

** Taupier, Oscar, Roland, Pailleret, André, Gautrot, Cécile, mad. de Surgis.

*** Taupier, Oscar, Pailleret, André, Roland, Gautrot, Cécile, mad. de Surgis.

ROLAND, bas à André.

Cependant...

ANDRÉ, bas.

Pas d'observations! Porte cette lettre et que Madeleine s'éloigne de cette maison.

ROLAND, bas.

C'est bien décidé?

ANDRÉ.

Oui.

ROLAND.

Soit donc!... (A part.) Oh! sacrebleu! nous verrons!

(Il s'éloigne par le fond à gauche.)

LES JEUNES GENS *, entourant André.

Bravo! mon cher, bravo!

OSCAR, bas.

Tu es d'une belle force!

TAUPIER, de même.

Oui, c'est campé!

ANDRÉ, fiévreusement et se levant.

Eh bien! voyons... ce contrat! ce notaire! Signons-nous?

SCÈNE XV

LES MÊMES, BOURDET, entrant par la droite, d'un air froid et compassé.

BOURDET **, très-gourmé.

Pardon! on ne signera pas aujourd'hui.

TOUS, avec étonnement.

Comment?

(Cécile et madame de Surgis se lèvent.)

MADAME DE SURGIS.

Et pourquoi donc?

BOURDET, cherchant ses mots.

Pourquoi?... pourquoi?... des considérations... d'un ordre élevé... me font une loi... non... m'obligent.. non... m'engagent... et puis, ma fille est encore bien jeune.

* Taupier, Oscar, Pailleret, André, Gautrot, Cécile, madame de Surgis.

** Taupier, Pailleret, Oscar, Gautrot, André, Bourdet, Cécile, madame de Surgis.

CÉCILE, se récriant.

Moi? mais, papa...

BOURDET.

Silence, Cécile! (Aux invités.) Elle peut attendre.

CÉCILE.

Attendre?

MADAME DE SURGIS.

C'est comme moi.

ROLAND *, qui vient de reparaître et à part.

La statue a fait des petits!

ANDRÉ.

Eh quoi, mon oncle, une rupture?

BOURDET.

Un ajournement, du moins... J'ai besoin de réfléchir... Plus tard, nous verrons.

CÉCILE.

Mais, papa, permettez...

BOURDET.

Silence! Tu sais que je suis une barre de fer!

ROLAND, à part.

Ah oui!

BOURDET, aux invités.

Mais que cet incident n'interrompe pas plus longtemps nos plaisirs... le souper doit être servi... messieurs, la main aux dames!...

CÉCILE.

Mais, papa, je ne me marierai donc jamais?...

MADAME DE SURGIS, à part.

C'est singulier!

(Bourdet prend la main de Cécile. — Un invité présente la sienne à madame de Surgis. — Ils sortent par le fond à gauche, suivis par la foule des invités qui s'éloigne peu à peu et finit par disparaître. — André a passé à droite. — Musique jusqu'à la fin.)

SCÈNE XVI

TAUPIER, OSCAR, PAILLERET, GAUTROT, ROLAND, ANDRÉ, puis MADELEINE.

ROLAND, à part.

Enfin! j'ai réussi!

(Oscar s'est assis sur le canapé.)

* Taupier, Pailleret, Oscar, Gautrot, André, Bourdet, Cécile, madame de Surgis, Roland.

OSCAR, *bas à ses amis.*

Messieurs, je vous attends pour déjeûner demain chez moi. La belle Madeleine vous y versera le champagne!

ROLAND, *s'approchant d'Oscar et gaiement en lui frappant sur l'épaule.*

Bravo, mon cher!... Je m'invite!

(Tous les jeunes gens entourent Oscar.)

ANDRÉ, *à part, poussant un soupir d'allégement.*

Ah! j'étouffais! Je puis ôter ce masque qui me pèse... Je respire! .. Je suis libre!... Courons retrouver Madeleine, et... (*Il va pour sortir et s'arrête vivement en voyant entrer Madeleine qui s'avance venant du fond à gauche en lisant une lettre.*) Ma lettre! malheureux! il est trop tard!...

(Il reste atterré. — Madeleine traverse sans le voir et sort par le fond à droite. — Le rideau baisse.)

* Taupier, Oscar, Roland, Pailleret, Gautrot, *à gauche;* André, *seul, à droite; le milieu entièrement vide.*

FIN DU DEUXIÈME ACTE

ACTE TROISIÈME

Chez Oscar.

Un boudoir très-coquet, très-élégant et entièrement tapissé de portraits de femmes; porte d'entrée au fond. — Portes latérales. — A gauche, une panoplie. — Fauteuils, chaises, etc. — Un cordon de sonnette à gauche.

SCÈNE PREMIÈRE

OSCAR, BAPTISTE.

(Baptiste, en petite tenue de domestique, est en train d'épousseter les tableaux.)

OSCAR, entrant par la gauche ; il est en robe de chambre.

Eh bien, Baptiste, que fais-tu là?

BAPTISTE.

J'épouste, monsieur.

OSCAR.

Prends garde d'abîmer mes pastels.

BAPTISTE.

Vos pastels?

OSCAR, montrant les portraits.

Souvenirs précieux, Baptiste! épaves des tempêtes de mon cœur...

BAPTISTE, à part.

A ce qu'il dit!...

OSCAR.

Des portraits de femmes du monde qui m'ont adoré.

BAPTISTE, à part.

Il aura acheté ça dans une vente.

OSCAR, se laissant aller dans un fauteuil à gauche.

Oh! les femmes!... quelle fatigue!... Tiens, Baptiste, je comprends que le sultan ait congédié toutes ses demoiselles de compagnie...

BAPTISTE, montrant un des portraits.

Monsieur, il y a comme ça la petite comtesse qui n'est pas vernie... Elle s'abîme!...

OSCAR.

Tu l'enverras chez Desforges... Elle mérite des égards... Ah ça! et le déjeuner?

BAPTISTE.

On est en train d'ouvrir les huîtres.

OSCAR.

Tu te rappelles ce que je t'ai recommandé?

BAPTISTE.

Au sujet de la petite dame?

OSCAR, se levant.

Oui. — Ne va pas faire de sottises!... Dès qu'elle se présentera en demandant la comtesse de La Fayolle, réponds avec aplomb que c'est ici.

BAPTISTE.

Avec aplomb? Bien, monsieur.

OSCAR.

Ajoute qu'elle est à sa toilette, et viens me prévenir.

BAPTISTE.

Oui, monsieur..... c'est convenu. Monsieur peut être tranquille.

OSCAR.

C'est bien! Va surveiller les apprêts du festin.

BAPTISTE.

Oui, monsieur. (A part, en sortant par le fond.) C'est quèque manigance, bien sûr!...

OSCAR, seul.

Le concierge a le mot... je lui ai glissé deux louis... Ainsi, pas de danger... Madeleine donnera dans le piége... et alors... Ah! ah!... quel roué je fais!... c'est ça qui va me poser aux yeux de ces messieurs!...

BAPTISTE *, revenant par le fond.

Monsieur...

OSCAR.

C'est elle!... la petite dame?... Déjà?...

* Oscar, Baptiste.

BAPTISTE.

Non, monsieur; c'est un monsieur d'un certain âge... qui demande à parler à monsieur.

OSCAR.

A moi?... son nom?...

BAPTISTE, montrant une carte.

Voici sa carte.

OSCAR, la prenant.

M. Bourdet!... mon ex-beau-père!... Ah bah!... qu'est-ce qu'il peut me vouloir?... Fais entrer... et prie-le d'attendre un moment... je vais achever ma toilette... M. Bourdet chez moi!...

(Il sort par la gauche.)

BAPTISTE, allant à la porte du fond.

Entrez, monsieur... mon maître va venir dans un instant!...

(Il introduit Bourdet et sort.)

SCÈNE II

BOURDET, seul.

(Il est en costume de voyage. Il a un cache-nez, une casquette, et tient un sac de nuit. — Il s'approche lentement, regarde le public sans parler, puis il dit, d'un air accablé :)

J'arrive de Château-Thierry! (Il dépose son sac de nuit sur un fauteuil à droite.) Ce matin, à l'issue de ma petite fête, je consulte le *Moniteur des chemins de fer*, et je vois : « Château-Thierry... express... 7 heures 35... Le cœur palpitant d'un noble orgueil, je pars pour le chef-lieu qui m'a vu naître... dans l'intention louable de remercier le conseil municipal de l'honneur qu'il voulait me faire... J'arrive... je cours chez Poriquet... je sonne... drelin din din... on m'ouvre... on m'introduit... Poriquet était couché... A ma vue, il se met sur son séant... « Bourdet! s'écrie-t-il, et par quel hasard? — Mon cher Poriquet (c'est moi qui parle). Mon cher Poriquet, je viens remercier le conseil municipal... Vous avez repoussé l'obélisque, vous avez bien fait... Un obélisque est un pavé prétentieux qui ne prouve rien... Laissons à l'Egypte ses produits... — Vous avez bien raison, me dit Poriquet... je partage votre opinion sur les obélisques, mais... qu'est-ce qui me procure l'avantage de vous voir?... — Comment, Poriquet, vous ne devinez pas?... Je viens pour ma statue... — Quelle statue? — Eh! mais... ma statue... celle que l'on a le projet de m'ériger sur la nouvelle place de cette ville... » Naturellement, je prends une pose, la pose convenue. Poriquet me regarde d'un air singulier, et, je dirai plus, avec une certaine crainte... Mais je n'y fais pas attention dans le premier moment... — Très-bien!... dit-il. Restez comme cela!... ne bougez pas!... Puis il se lève et s'enfuit dans la chambre voisine... Cela m'étonne un peu... mais je ne bouge pas. — Pourtant, au bout de quelques minutes, ne le voyant pas revenir, la curiosité me prend... je m'approche de la porte, j'écoute, et qu'est-ce que j'entends?... Poriquet qui disait à sa femme : « C'est une folie douce, mais qui pourrait devenir furieuse... Je crois prudent d'avertir la gendarmerie et de faire conduire ce pauvre diable dans la maison de santé...» Ce mot m'éclaire!... je n'en écoute pas davantage... Je me précipite, je vole à la gare... après avoir traversé cette place... où il est, lui, M. La Fontaine... ce fabuliste!... il avait l'air de me narguer, de ricaner; plus je m'éloignais, plus il me criait aux oreilles :

« Apprends, Bourdet, que tout flatteur
« Vit aux dépens de celui qui l'écoute:
« Cette leçon vaut bien... »

Enfin, j'arrive à la gare, je me jette dans une première classe... honteux et confus, et me voici... jurant, mais un peu tard, qu'on ne m'y prendrait plus!... (S'échauffant par degrés.) Ainsi, on se moquait de moi!... Il est clair que ce Roland s'entendait avec ses amis... avec mon neveu peut-être. . Oh! mais nous allons voir... (Regardant à gauche.) Voici Oscar! (Se frottant les mains.) Ah! messieurs, rira bien qui rira le dernier!...

SCÈNE III

OSCAR, BOURDET.

OSCAR, entrant par la gauche.

M. Bourdet!... chez moi!... quel heureux basard!... Pardon de vous avoir fait attendre... je m'habillais...

BOURDET.

Il n'y a pas de mal, jeune homme... il n'y a pas de mal!...

OSCAR.

Mais, que vois-je?... ce costume, ce sac de nuit .. Est-ce que vous partez?...

BOURDET.

Au contraire, j'arrive.

OSCAR.

Ah bah!... un voyage d'agrément?...

BOURDET.

D'agrément?... Non, pas tout à fait...

OSCAR.

D'affaires, alors?

BOURDET.

Oui, d'affaires, c'est cela; — et je n'ai même pas voulu prendre le temps de rentrer chez moi avant de vous annoncer une bonne nouvelle.

OSCAR.

Une bonne nouvelle?...

BOURDET.

Tenez, j'irai droit au fait... En deux mots, voici la chose : Mon cher Oscar, vous m'aviez demandé la main de ma fille...

OSCAR.

Oui... mais vous me l'avez refusée...

BOURDET.

Malgré moi... j'avais alors d'autres visées...

OSCAR.

Sur votre neveu...

BOURDET.

Depuis, j'ai réfléchi : mon neveu est peintre... et les peintres sont tous des bohêmes...

OSCAR.

Oh! monsieur Bourdet...

BOURDET, *insistant.*

Parfaitement, mon ami... Tenez, Raphaël lui-même... Raphaël... s'affichait avec une demoiselle!... Voilà les artistes!... Enfin j'ai consulté Cécile... et si vous êtes toujours dans les mêmes intentions...

OSCAR.

Eh bien?...

BOURDET.

Eh bien!... je vous la donne... elle est à vous.

OSCAR, *très-surpris.*

A moi?... mais vous m'aviez dit qu'elle ne m'aimait pas...

BOURDET.

Je me trompais!... avec ces petites filles on n'est jamais sûr. . Elle vous aime, vous lui plaisez...

OSCAR.

Je lui plais!... (A part.) C'est charmant!... Souffler à André sa femme... et déjeuner tout à l'heure avec sa maîtresse!... voilà une veine!...

BOURDET.

Ah ça! voyons, est-ce une chose convenue?...

OSCAR.

Certainement!... je suis enchanté... j'accepte!...

BOURDET.

Très-bien!... Touchez là!...

(Il lui tend sa main.)

SCÈNE IV

LES MÊMES, ROLAND, puis GAUTROT et PAILLERET.

ROLAND *, entrant par le fond, très-gaiement.

Eh bien!... déjeune-t-on?...

OSCAR, allant à Roland.

Roland!...

BOURDET **, à part, avec colère.

Lui!...

ROLAND.

Oui, me voilà!... exact au rendez-vous!... Eh! mais je ne me trompe pas!... c'est M. Bourdet!...

GAUTROT et PAILLERET, entrant par le fond.

M. Bourdet!... ici?...

(Ils descendent.)

GAUTROT ***, a Oscar.

Tu l'as invité?...

PAILLERET.

M. Bourdet déjeune avec nous?...

OSCAR, bas à Pailleret.

Mais non!... mais non!... Es-tu fou?...

* Oscar, Bourdet, Roland.

** Bourdet, Oscar, Roland.

*** Oscar, Pailleret, Bourdet, Gautrot, Roland.

BOURDET.

Non, messieurs, non... je ne puis être des vôtres... j'arrive de voyage...

GAUTROT et PAILLERET.

De voyage?...

BOURDET, avec intention.

Je viens de Château-Thierry.

ROLAND, à part.

Hagne!...

(Il dissimule une envie de rire.)

GAUTROT.

De Château-Thierry?...

ROLAND.

Patrie du divin La Fontaine!... Quel homme!...

TOUS, avec admiration.

Oh!...

ROLAND *, passant près de Bourdet.

Les *Deux pigeons*, chef-d'œuvre!...

OSCAR.

Le *Renard et les raisins*...

ROLAND.

Ravissant!... et *la Belette*?... très-fort, *la Belette!*...

BOURDET, regardant Roland avec rage.

Soyez persuadés, messieurs, que je m'agenouille devant mon compatriote. J'en suis fier!...

ROLAND, impitoyable.

Le *Rat de ville et le rat des champs!*...

GAUTROT.

Mais tout cela ne nous dit pas le motif du voyage matinal de M. Bourdet.

ROLAND.

En effet... parlez, monsieur Bourdet, parlez!...

BOURDET, les observant.

Je savais... j'avais appris qu'on se proposait de me faire un grand honneur...

TOUS, excepté Roland.

Vraiment?...

* Pailleret, Oscar, Bourdet, Roland, Gautrot.

BOURDET.

De m'accorder une récompense au-dessus de mon faible mérite...

ROLAND, à part.

Je connais cette guitare !

BOURDET.

Je suis allé remercier le conseil municipal... mais en même temps je l'ai prié de renoncer à ce projet...

ROLAND, à part.

Pas mal, pour un cotonnier!

BOURDET.

Je ne m'abuse pas, moi; je ne suis qu'un marchand.... (à part) S'il a parlé, de cette manière ils ne pourront rire à mes dépens.

ROLAND.

Bravo!... monsieur Bourdet!.. ce trait de modestie vous honore!.. vous n'êtes qu'un marchand, eh bien! restez marchand!....

BOURDET, bas avec colère.

Monsieur!....

ROLAND, froidement.

«Ne forçons point notre talent,
«Nous ne ferions rien avec grâce.»

BOURDET *, bas à Roland.

Monsieur!... vous aurez bientôt de mes nouvelles.

ROLAND.

Hein?... Permettez.....

BOURDET.

Adieu, messieurs.... ou plutôt au revoir!... (Il va reprendre son sac de nuit. — Bas à Roland.) Vous aurez bientôt de mes nouvelles!..

(Il sort par le fond. — Oscar le reconduit jusqu'à la porte.)

SCÈNE V

LES MÊMES, moins BOURDET, puis MARIUS TAUPIER, puis BAPTISTE.

ROLAND **, à part.

De ses nouvelles! qu'est-ce qu'il veut donc dire? J'en ai de ses nouvelles.... elles sont satisfaisantes....

* Pailleret, Oscar, Roland, Bourdet, Gautrot.

** Pailleret, Gautrot, Oscar, Roland.

OSCAR, revenant.

Vivat!.. le voilà parti!...

ROLAND.

Ah! ça, que diable venait-il faire ici?..

OSCAR.

Ah!.. c'est bien drôle, allez!... une chose étonnante!... J'ai une veine!...

ROLAND.

Comment?...

(Il s'assied dans un fauteuil à droite.)

GAUTROT.

Qu'est-ce donc?...

OSCAR.

Plus tard, je vous conterai ça. Ne songeons présentement qu'à notre déjeûner.

(Marius Taupier entre par le fond; il a fait couper ses cheveux et sa barbe; il est vêtu avec une certaine élégance.)

TAUPIER *.

Est-ce que je suis en retard?

ROLAND, le regardant.

Ciel!...

(Il se renverse dans le fauteuil.)

LES AUTRES, de même.

Ah! mon Dieu!...

ROLAND.

Marius a fait couper ses cheveux!

PAILLERET.

Marius en dandy!

(Il passe à droite, en examinant Taupier.)

GAUTROT.

Quelle métamorphose!

OSCAR **.

Oh! il a des gants!

TAUPIER.

Oui, messieurs, oui... un artiste doit se tenir... il faut aller dans le monde... se créer des relations... on peut faire un mariage...

ROLAND.

Tu as fait des concessions, toi?...

* Oscar, Gautrot, Pailleret, Taupier, Roland.

** Oscar, Gautrot, Taupier, Pailleret, Roland.

TAUPIER.

Oh! des concessions!... seulement, je ne mettrai plus le pied dans les brasseries... Il y a là de faux artistes, des faiseurs d'esthétique, qui accusent leur siècle, au lieu de travailler. — Les vrais artistes (et, Dieu merci, nous en avons) n'arrivent pas en buvant des bocks!

(Il tire un porte-cigare de sa poche et laisse tomber une lettre. — Roland se lève et va la ramasser.)

PAILLERET *.

Et un porte-cigares!...

TAUPIER, offrant des cigares.

Voulez-vous des Londrès?

ROLAND, lisant la suscription de la lettre.

Direction des Beaux-Arts!... (Ouvrant la lettre.) Messieurs, tout s'explique... il a une commande!...

TAUPIER.

Eh bien, oui... après?

ROLAND, riant.

Ah! ah! ah!... allons donc!...

GAUTROT, à Taupier.

Bravo, mon cher!

(Il lui serre la main.)

PAILLERET **, de même.

Mes sincères compliments!

OSCAR, de même.

Nous boirons à la santé de votre chef-d'œuvre!

TAUPIER.

Et notre Hébé... est-elle arrivée?

OSCAR.

Madeleine?... Elle viendra, messieurs, elle viendra!

ROLAND, à part.

J'y compte bien.

(Musique à l'orchestre. — Baptiste entre par le fond.)

BAPTISTE, entrant par le fond.

Monsieur?...

OSCAR ***, allant à lui.

Ah! Baptiste... Eh bien?...

* Oscar, Gautrot, Taupier, Roland, Pailleret.

** Oscar, Gautrot, Taupier, Pailleret, Roland.

*** Gautrot, Taupier, Oscar, Baptiste, Roland, Pailleret.

BAPTISTE, mystérieusement.

C'est la petite dame.

TOUS.

Madeleine !... Bravo !...

OSCAR.

Chut !... cachons-nous d'abord, pour ne pas effaroucher l'innocence !...

TOUS.

C'est ça!... cachons-nous!...

OSCAR, montrant la gauche.

Vite, messieurs, par ici !...

GAUTROT et PAILLERET, à voix basse.

Par ici !...

ROLAND, à part.

Et moi, avoir l'œil !...

(Ils entrent à gauche.)

SCÈNE VI

BAPTISTE, puis MADELEINE.

BAPTISTE, après leur sortie, allant à la porte du fond.

Venez, mademoiselle... (Madeleine paraît*.) Madame la comtesse achève sa toilette...

MADELEINE.

Il suffit!... J'attendrai qu'elle puisse me recevoir.

BAPTISTE, à part.

Madame la comtesse !... ah ! ah !... en voilà une bonne !...

(Il rit en sortant par le fond.)

MADELEINE, seule. Tirant une lettre de sa poche et lisant.

« Madame la comtesse de La Fayolle prie mademoiselle Madeleine de vouloir bien passer chez elle demain à midi, afin de s'entendre avec elle sur des leçons de piano. » C'est singulier... cette dame, je ne la connais pas... Qui donc lui a parlé de moi ?... Et puis, cette lettre que me remet un domestique au milieu d'une soirée... Ah! j'entends marcher... c'est elle sans doute !... (La porte de gauche s'ouvre et Oscar paraît.) Ah!...

* Madeleine, Baptiste.

SCÈNE VII

OSCAR, MADELEINE, puis ROLAND.

OSCAR, entrant par la gauche.

N'ayez pas peur!...

MADELEINE, étonnée.

Un jeune homme!... Madame la comtesse de La Fayolle ?

OSCAR, avec aplomb.

C'est moi !...

MADELEINE.

Vous ?... comment... quelle est cette plaisanterie ?...

OSCAR.

Vous ne me reconnaissez pas?... Oscar... Oscar de La Fayolle, un ami d'André, de Roland...

MADELEINE.

En effet, je me rappelle vous avoir aperçu à leur atelier... Ah ! je comprends... c'est madame votre mère qui m'a écrit ?...

OSCAR, se dandinant en caressant ses favoris.

Ma mère!... ma mère est à cent lieues d'ici... en pleine Gironde...

MADELEINE, souriant.

Alors, monsieur, je ne comprends plus!...

OSCAR.

Comment! .. vous ne devinez pas?... (D'un ton passionné.) Une ruse pour vous voir... pour vous parler !...

MADELEINE.

Me parler...

OSCAR.

Pour vous dire que je vous aime comme un fou... André ne vous aime plus... c'est fini... mais moi je vous adore ; moi, voyez-vous, je suis capable de...

MADELEINE, très-calme.

Ah! très-bien!... Je comprends... adieu, monsieur!...

(Elle remonte.)

OSCAR, se campant devant la porte.

Partir!... sans m'avoir écouté!.. non, non... Oh! je m'attends à votre colère.

MADELEINE.

Ma colère! ..

OSCAR.

A votre indignation!... On s'indigne toujours... la première heure.. et puis...

MADELEINE.

Mon indignation... mais nullement, monsieur!... vous me faites rire... voilà tout... (Elle le regarde un instant et se met à rire.) Ah! ah! ah!

(Elle passe à gauche.)

OSCAR *, un peu décontenancé.

Je la fais rire!...

MADELEINE.

Vous vous attendiez à une scène... comme il s'en joue dans les drames... « Monsieur, laissez-moi... grâce... » Ou bien encore : « Monsieur, craignez tout de mon désespoir, de ma colère!... » Mais pas du tout... vous vous êtes trompé, monsieur... Comment donc vous appelez-vous?...

OSCAR.

Oscar... Oscar de La Fayolle...

MADELEINE.

Monsieur Oscar... soit... Ah! vous aviez arrangé d'avance la situation... d'autant plus que je suis Italienne... Mais, monsieur Oscar, je suis depuis quatre ans à Paris... par conséquent je suis devenue un peu Parisienne... J'ai renoncé au poignard, au stylet, et comme les Parisiennes, je me contente de rire au nez des sots... Il y en a tant!...

OSCAR, vexé.

Des sots!... Mais...

MADELEINE.

Auriez-vous la prétention d'être le seul?... Ce que c'est que l'amour-propre!... (Roland paraît à la gauche et écoute à la porte.) Allons, monsieur Oscar, votre petite comédie était mal arrangée... D'abord, pourquoi vous servir du nom de madame votre mère?... Fi! monsieur!... Il fallait trouver autre chose... Si elle le savait, vous seriez grondé... Enfin, vous êtes jeune... vous vous corrigerez... Quel âge avez-vous ?...

OSCAR.

Mademoiselle... cette raillerie!... Est-ce ma faute à moi, si en vous voyant je n'ai pu résister...

* Madeleine, Oscar.

MADELEINE *.

Au charme de ma personne !... — C'est ça que vous alliez dire, n'est-ce pas ?... Mais on me l'a déjà dit... on me l'a dit en français, en italien, en espagnol... Je parle un peu l'espagnol.. Eh bien ! mon cher monsieur, c'est toujours la même chose dans toutes les langues... (Consultant sa montre.) Ah ! mon Dieu !... midi passé et j'ai une leçon à une heure... (Elle va tirer le cordon de sonnette.) Quel temps vous me faites perdre !... (A Baptiste qui paraît.*) Mon ami, faites avancer une voiture... vite... allez donc !... allez donc !...

(Baptiste s'incline et sort tout surpris. — Madeleine s'assied très-tranquillement à gauche.)

MADELEINE, en s'asseyant.

Vous permettez ?...

OSCAR, ne sachant plus ce qu'il dit.

Oh ! mademoiselle... comment donc !... Enchanté de...

ROLAND **, entrant tout à fait.

Le déjeuner refroidit !... Versez pavillon ! Boum !...

OSCAR, avec dépit.

Roland !...

MADELEINE, se levant.

Roland... ici ?...

(Elle lui tend la main.)

ROLAND.

Oui... oui... je déjeune... Mais vous déjeunez aussi, Madeleine ?...

MADELEINE.

Moi ?...

ROLAND.

Ce cher La Fayolle compte sur vous... il nous a promis votre présence...

MADELEINE.

Ma présence ?...

ROLAND.

Pas vrai, Oscar ?... Ah ça ! parlez donc, mon cher !... Si c'est ainsi que vous faites vos invitations, mademoiselle ne restera pas...

MADELEINE.

Tout cela est-il vrai, monsieur ?...

* Madeleine, Baptiste, Oscar.

** Roland, Oscar.

OSCAR * perdant complètement la tête et passant près de Madeleine.

Mon Dieu! mademoiselle... je... vous savez... j'avais pensé... Mon Dieu!... tous les jours, on invite quelqu'un à déjeuner .. parce que...

MADELEINE, railleuse.

Oh! combien je suis désolée, monsieur, j'ai déjeuné!...

OSCAR.

Ah!... vous avez...

(Madeleine et Roland le regardent un instant avec le plus grand sérieux, puis partent d'un grand éclat de rire.)

ROLAND.

Ah! ah! ah!

MADELEINE.

Ah! ah! ah!...

OSCAR **, à part, passant à gauche.

J'aurais dû partir hier pour Bordeaux...

SCÈNE VIII

LES MÊMES, PAILLERET, GAUTROT, puis BAPTISTE.

GAUTROT ***, entrant par la gauche et voyant Madeleine.

C'est elle!...

PAILLERET, de même.

Ah!... Bravo!... Allons... à table!...

TAUPIER, de même.

Nous sommes au complet.

BAPTISTE, entrant par le fond et annonçant.

M. André Garnier!...

(Mouvement général.)

MADELEINE ****.

André!...

OSCAR.

André ici!... Mais je ne l'ai pas invité!... (Allant à Baptiste.) Dis que je n'y suis pas!...

* Madeleine, Oscar, Roland.

** Oscar, Madeleine, Roland.

*** Oscar, Taupier, Pailleret, Gautrot, Madeleine, Roland.

**** Oscar, Pailleret, Taupier, Gautrot, Baptiste, Madeleine, Roland.

ROLAND *, empêchant, par un geste, Baptiste de sortir.

Inutile!... Si vous lui fermez la porte, il entrera par la fenêtre. Il sait que vous êtes chez vous!...

OSCAR.

Comment, il sait que... mais qui le lui a dit?...

ROLAND.

C'est moi!... Je l'ai invité de votre part...

TOUS.

Vous?...

ROLAND, très-calme.

Qu'est-ce que vous voulez!... moi, j'ai cru bien faire!...

TAUPIER.

Ça va se gâter... André est élève d'Othello.

GAUTROT.

Et moi, je suis élève de Grisier... Si André fait le méchant, je m'en charge. Dix ans de salle, mon bon!

OSCAR, étreignant la main de Gautrot.

Ce cher Gautrot, va!... tu es gentil d'être venu!

MADELEINE.

Roland, expliquez-moi. .

OSCAR, désespéré.

Que faire?... Que faire?...

ROLAND.

Madeleine, entrez là, dans cette chambre...

(Il va ouvrir la porte de droite.)

OSCAR.

Oui... c'est cela... qu'il ne vous voie pas...

MADELEINE, qui ne comprend pas.

Mais. .

ROLAND.

Il y va de votre bonheur!...

MADELEINE.

Mais mon cher Roland...

ROLAND, gaiement.

Je ne m'appelle plus Roland .. je m'appelle la Providence des amoureux... Ah!... Corpo di Bacco! ma petite Néna, vous serez heureuse... (Il lui prend la tête dans les mains et lui donne un baiser sonore sur le front. Se tournant vers les jeunes gens.) Ah! je l'embrasse, moi, mes-

* Pailleret, Taupier, Gautrot, Oscar, Baptiste, Roland, Madeleine.

sieurs... Ce sont mes honoraires !... (A Madeleine.) Allez... allez... (Madeleine entre à droite. A Baptiste.) Faites entrer M. André Garnier!...

OSCAR, chancelant.

Gautrot, ne me quitte pas!...

(Baptiste introduit André, qui lui donne son chapeau; puis il sort par le fond.)

SCÈNE IX

PAILLERET, GAUTROT, OSCAR, ANDRÉ, TAUPIER, ROLAND,

ANDRÉ, pâle et jouant l'indifférence. Il parle en retirant ses gants par des mouvements brusques et fiévreux.

Bonjour, messieurs... Bonjour Oscar...

(Il lui donne la main.)

OSCAR, d'un air contraint.

Ce cher André !... Est-ce gentil à lui d'être venu !...

ANDRÉ.

J'étais peu invité... mais j'ai pensé qu'avec des amis, j'aurais mauvaise grâce à me gêner... et me voilà... (A Roland, d'un air dégagé.) Bonjour, toi!... (Allant à Gautrot.) Eh bien!... on ne déjeune pas?... je me sens un appétit de naufragé!...

ROLAND *, à part.

Ris, mon gaillard... Ça va éclater tout à l'heure...

ANDRÉ, qui, tout en parlant, a tout fouillé du regard autour de lui.

Qu'est-ce que vous avez donc tous?... Vous avez l'air d'être pétrifiés!... Allons, Baptiste, du Champagne pour égayer Oscar... ce cher Oscar !...

ROLAND, à part.

Il va le mordre!...

TAUPIER, à part.

Oh! les femmes!

OSCAR.

C'est vrai... au fait... ce déjeûner... Baptiste!...

ANDRÉ, changeant de ton.

Où est-elle?...

OSCAR.

Mais... je ne sais... ce que...

ANDRÉ.

Où est-elle?... Elle est ici... j'en suis sûr...

* Pailleret, Gautrot, André, Oscar, Taupier, Roland.

OSCAR.

Mais non...

ANDRÉ.

Ah!... je la devine près de moi!... Elle est ici... et je viens la chercher... Il me la faut... je la veux...

PAILLERET *, allant à André.

Mon cher André, avouez qu'hier vous étiez plus raisonnable...

ANDRÉ, avec emportement et passant près de Roland.

Hier... hier... j'étais fou!

(Pailleret repasse à gauche.)

ROLAND **, à André.

Allons donc!... Tu vois bien!...

ANDRÉ, à Roland.

Laisse-moi tranquille, toi!... (Aux autres.) Hier, j'ai dit ce que j'ai voulu; je le pensais peut-être hier; aujourd'hui, je change d'avis... voilà tout... (Avec force.) Madeleine est à moi... elle m'appartient... je la veux... où est-elle? parlez... parlez vite, je vous le conseille, mon cher Oscar... je suis nerveux ce matin; vous savez, il y a des jours où l'on se réveille mal, de ces jours où l'on jetterait volontiers les gens par la fenêtre... et je suis un peu dans un de ces jours-là, mon cher Oscar... Voyons, parlez... où est-elle?... où est Madeleine?...

OSCAR.

Mais... je vous jure...

ANDRÉ.

Vous mentez!...

PAILLERET, GAUTROT, ROLAND et TAUPIER.

André!...

OSCAR.

Mais, puisque je vous affirme...

ANDRÉ.

Vous mentez!...

(Oscar passe à gauche.)

GAUTROT ***, à André.

En vérité, mon cher, vous le prenez sur un ton... Je suis l'ami de M. de la Fayolle... et je ne puis permettre. .

* Gautrot, Pailleret, André, Oscar, Taupier, Roland.

** Pailleret, Gautrot, Oscar, André, Roland, Taupier.

*** Oscar, Pailleret, Gautrot, André, Taupier, Roland.

ANDRÉ, avec joie.

Ah! vous vous battez, vous... Lui, il ne répond pas aux démentis... mais vous... vous vous battez!... (Il s'élance vers la panoplie, décroche deux épées de combat, et en jette une aux pieds de Gautrot.) En garde! Monsieur Prosper Gautrot, en garde!...

ROLAND, saisissant André.

André!...

(Les autres vont à lui et cherchent aussi à le retenir.)

ANDRÉ *, comme un lion.

Laisse-moi... en garde!...

PAILLERET.

Mais vous n'y pensez pas!...

GAUTROT.

Mais c'est absurde... se battre sans témoins!...

ANDRÉ, montrant les autres personnages.

Des témoins!... en voilà!...

GAUTROT.

Mais... il faut un terrain...

ANDRÉ.

Ah!... bon!... il vous faut la campagne!... un paysage!... Quand on veut se battre, on se bat partout... A nous deux!... (Il veut s'élancer sur Gautrot, on le retient.) Laissez-moi donc!...

GAUTROT, qui a mis un fauteuil entre André et lui.

Mais, mon cher André, je n'ai pas eu l'intention de vous insulter... je le déclare hautement... J'ai parlé de témoins... Mais enfin, on peut arranger l'affaire... que diable!...

OSCAR, à part, regardant Gautrot avec mépris.

Oh!... il a peur!... le lâche!...

ANDRÉ, laissant tomber son épée.

Ah!... je suis perdu!...

(Il passe à droite.)

ROLAND **, s'approchant de lui.

Tu vois bien que tu l'aimais!...

ANDRÉ.

Oui... ne m'accable pas!... Je sais que tout est fini, et fini par ma faute!... Oh! que l'on est fou de renier son cœur, de ne pas vouloir être soi-même, pour afficher des vices ou des ridicules... que l'on n'a pas!... Mais on est entouré, écouté...

* Oscar, Pailleret, André, Roland, Taupier, Gautrot.

** Oscar, Pailleret, Taupier, Gautrot, Roland, André.

On travaille pour la galerie... On ment à soi-même et aux autres, jusqu'à ce que le masque soit tombé!... Je suis puni... c'est juste... je le sais .. mais je souffre... Que ferai-je sans elle... maintenant? Oh!... là... vois-tu, Roland, j'ai du feu!... j'étouffe!...

ROLAND.

Dans ce cas-là, on pleure... ça soulage! ..

ANDRÉ, se raidissant.

Pleurer.. moi... non... non!...

ROLAND.

Ah! le malheureux, il pose encore!... (Bas.) Tu ne veux pas pleurer parce que l'on te regarde! Eh bien!... eh bien... tiens... pleure dans mes bras!... on ne te verra pas!. .

(Il lui tend les bras.)

ANDRÉ, s'y jetant et sanglotant.

Ah! mon ami!. . mon frère!...

(Taupier a passé à gauche.)

OSCAR *, d'un air contrit et passant près de Roland.

Ma parole d'honneur, je suis désolé...

PAILLERET.

Oscar n'a jamais eu l'intention...

GAUTROT.

Mais oui, tout est arrangé!...

TAUPIER.

C'est égal, on ne déjeune pas assez.

OSCAR.

Il a raison... à table!

TOUS.

A table!... viens, Roland.

ROLAND.

Allez, je vous suis.

(Oscar, Gautrot, Pailleret et Taupier entrent à gauche.)

SCÈNE X

ROLAND, ANDRÉ.

ANDRÉ **, qui était tombé assis, se relevant tout à coup.

Oh! cette lettre... que je lui ai écrite!... Ah! fou que j'étais!...

(Il passe à gauche.)

* Taupier, Pailleret, Gautrot, Oscar. Roland. André.

** André, Roland.

ROLAND *, à voix basse.

Oh!... cette lettre-là... elle ne l'eût jamais pardonnée... aussi je l'ai confisquée!...

ANDRÉ.

Que dis-tu ?...

ROLAND, la tirant de sa poche.

La voici... maintenant, si tu tiens à ce que je la remette...

(Il fait un mouvement.)

ANDRÉ, se jetant sur la lettre.

Ah!... jamais!...

(Il la déchire en mille morceaux. — La porte de droite s'ouvre. — Madeleine paraît.)

SCÈNE XI

LES MÊMES, MADELEINE; puis OSCAR.

ANDRÉ *.

Madeleine!...

(L'orchestre joue piano le motif de la chanson du premier acte.)

MADELEINE.

Oui, c'est moi, André!... Pardonnez à M. La Fayolle! Sa petite ruse n'a servi qu'à nous prouver à l'un et à l'autre ce que nous savions si bien. — Que vous m'aimiez, — et que je vous aimais... Nous nous sommes aimés quand nous étions pauvres... ces amours-là ne meurent jamais!... (Lui tendant les mains.) N'est-ce pas, André?

ANDRÉ **, se précipitant vers elle et couvrant ses mains de baisers.

Ah! Madeleine!... ma femme!...

ROLAND, s'essuyant le front.

Sapristi!... j'ai eu assez de mal!...

OSCAR ***, rentrant de la gauche, sa serviette à la main.

Mais venez donc, messieurs!... (Voyant Madeleine.) Aïe!

BAPTISTE, annonçant du fond.

M. Bourdet.

(Bourdet entre par le fond. — Baptiste sort après l'entrée.)

* André, Roland, Madeleine.

** Roland, André, Madeleine.

*** Oscar, Roland, André, Madeleine.

SCÈNE XII

LES MÊMES, M. BOURDET, des épées sous le bras et tenant une boite à pistolets; puis TAUPIER, PAILLERET et GAUTROT.

M. BOURDET *, à Oscar.

Bonjour ! mon gendre !...

ROLAND.

Son gendre !...

M. BOURDET, avec intention.

Mon cher Oscar, je donne trois cent mille francs de dot à Cécile.

ROLAND, montrant André et Madeleine.

Nous avons un million d'amour par ici !

MADELEINE, heureuse.

Oh oui !...

ROLAND, gaiement.

Les trois cent mille francs viendront plus tard !...

M. BOURDET, s'approchant de Roland. (Bas.)

Monsieur, vous vous êtes permis, à mon égard, une bourde... que je ne qualifierai pas... Vos armes?

ROLAND, éclatant de rire.

Un duel !... Avec vous, monsieur Bourdet?... Jamais !... Tenez, j'aime mieux vous faire des excuses !... là... (D'un ton sérieux.) Monsieur Bourdet, je vous fais des excuses !!

M. BOURDET, vivement.

Je les accepte, monsieur ! (A part, d'un air triomphant.) J'étais bien sûr qu'il ne se battrait pas !...

(André est près de Madeleine. M. Bourdet va à Oscar. — Taupier, Gautrot et Pailleret paraissent à la porte de gauche, leur serviette à la main.)

* Oscar, Bourdet, Roland, André, Madeleine.

(Le rideau baisse.)

FIN.

www.ingramcontent.com/pod-product-compliance
Ingram Content Group UK Ltd.
Pitfield, Milton Keynes, MK11 3LW, UK
UKHW021109260726
13994UKWH00002B/807

9 782329 474342